Harald Høffding

Die Grundlage der humanen Ethik

Aus dem Dänischen

Harald Høffding

Die Grundlage der humanen Ethik
Aus dem Dänischen

ISBN/EAN: 9783744603911

Hergestellt in Europa, USA, Kanada, Australien, Japan

Cover: Foto ©Thomas Meinert / pixelio.de

Weitere Bücher finden Sie auf **www.hansebooks.com**

DIE GRUNDLAGE

DER

HUMANEN ETHIK.

Von

Dr. HARALD HÖFFDING.

———

AUS DEM DÄNISCHEN.

BONN,

VERLAG VON EMIL STRAUSS.

1880.

Was ist das Heiligste? — Das was heut und ewig die Geister,
  Tiefer und tiefer gefühlt, immer nur einiger macht.

Goethe.

Diese kleine Schrift ist ein Theil einer Vorlesung über Ethik, die ich im Jahre 1875 auf der Universität zu Kopenhagen gehalten habe. Sie erschien in dänischer Sprache im .· ⸱ 1876.

Der Verfasser.

I. Psychologische Bemerkungen.

Unsere Wahrnehmungen und Vorstellungen entstehen in uns als Symbole von dem Wesen und den Beziehungen der Dinge. Wenn wir etwas auffassen oder uns vorstellen, sehen wir von . s selbst ab und gehen in der Anschauung des Gegenstandes auf, und je mehr wir dies vermögen, desto deutlicher und genauer wird die Auffassung, die wir gewinnen. Allein jede Wahrnehmung und Vorstellung wirkt zugleich auf unser Bewusstsein zurück, greift in dieser oder jener Weise in unseren ganzen seelischen Zustand ein, erzeugt eine bestimmte Stimmung oder ein Gefühl: — wenn unser Bewusstseinsleben im Ganzen gefördert und gesteigert wird, ein Gefühl der Lust, — wenn es gehemmt oder geschwächt wird, ein Gefühl des Schmerzes. Diese Stimmungen können der nach aussen gerichteten Wahrnehmung oder Vorstellung gegenüber oft ganz untergeordnet sein; je mehr sie die Oberhand gewinnen, desto weniger energisch und klar wird die Auffassung der Dinge. Wer von Lust oder Schmerz bewegt. wird, ist kein unbefangener Beobachter mehr, und umgekehrt, um Beobachtungen anzustellen, wollen Lust und Schmerz zurückgedrängt sein. Es findet somit ein umgekehrtes Verhältniss zwischen Erkenntniss und Gefühl statt; beide können sich nicht zu gleicher Zeit auf dem Höhepunkt befinden, sondern es setzt der höchste Grad des einen den niedrigsten Grad des anderen voraus.

Allem, was eine Steigerung des seelischen Zustandes und somit ein Gefühl der Lust hervorruft, legen wir einen gewissen

Werth bei, was sich ursprünglich darin zeigt, dass wir die Vorstellung davon festzuhalten suchen und uns derselben entgegen bewegen. Die Wahrnehmung oder Vorstellung an sich enthält keinen Grund der Erregung; nur durch ihre Beziehung zu unserem seelischen Leben im Ganzen, durch das Gefühl also, das sie erweckt, ruft die Erkenntniss Bewegung und Handlung hervor, und da ein umgekehrtes Verhältniss zwischen Erkenntniss und Gefühl stattfindet, so muss auch das Verhältniss zwischen Erkenntniss und Handlung ein umgekehrtes sein.

Allein es ist dies nur die eine Seite der Sache. Wir haben bei den vorhergehenden Bemerkungen nur den Grad der Stärke (die Intensität) berücksichtigt. Fragen wir hingegen nach dem, wodurch das Gefühl geweckt wird, und wohin sich die Bewegung richtet, also nach dem Inhalt, so wird es sich herausstellen, dass Erkenntniss und Gefühl, Erkenntniss und Handlung, sich nicht mehr umgekehrt, sondern gleich zueinander verhalten. Ein Gefühl der Lust führt das Festhalten der Vorstellung oder das Beharren in der Bewegung, welche sie hervorruft, herbei. Da nun aber gewisse Vorstellungen und Bewegungen in einer engen gegenseitigen Verbindung erscheinen, indem die eine auf die andere, wie die Ursache auf die Wirkung, führt, oder unter ihnen eine grosse Aehnlichkeit oder Verwandtschaft stattfindet, so wird sich allmählich das Gefühl über alle solche zusammengehörige Vorstellungen erstrecken. Es bildet sich dann eine ausgedehnte Welt von Gegenständen, denen das Individuum Werth beilegt, weil sie direct oder indirect das seelische Leben erwecken und steigern. Auf dem Inhalt dieser Welt beruht es, welche Richtung diese oder jene Handlung des Individuums einschlagen werde. Eine jede höhere Stufe, die in der Entwicklung der Erkenntniss erreicht wird, muss deshalb nothwendig auf das Leben des Gefühls und der Handlung zurückwirken. Leise, aber unablässig folgt das Gefühl in den Fusstapfen des Gedankens nach; es erhält dadurch seine eigenthümliche und bestimmte Richtung und erweitert sich über seinen ursprünglichen Gegenstand hinaus. Je höher und reicher das Leben des Gedankens ist, desto tiefer und voller kann darum auch das Gefühlsleben sein. Mannigfaltige Gefühle, welche dem civilisirten Europäer eigen sind, sind dem

Wilden in Folge seines wenig entwickelten Vorstellungs-
kreises fremd, und die Gefühle, welche sie gemein haben, sind
bei jedem von ihnen verschiedenartig. Wenn die Erfahrung einen gewissen Umfang und die Erkenntniss eine gewisse Entwickelung erreicht hat, so werden
bei der Handlung nicht bloss die unmittelbaren und augenblicklichen Gefühle von Lust und Schmerz, sondern auch die möglichen und ferner abliegenden berücksichtigt. Allein es setzt
dies eine Entwickelungsstufe voraus, wozu manche wilde Völkerschaften sich kaum erhoben haben. Sie füllen sich mit Speise
und Trank, wenn sie Ueberfluss haben, ohne der schädlichen
Folgen der Völlerei oder des Mangels an Nahrung zu gedenken,
der bald den Ueberfluss ablösen wird. Sie denken nur an die
augenblickliche Befriedigung. Nur die Noth zwingt sie wieder
zu arbeiten, und so leben sie in demselben Kreislaufe fort. Erst
wenn das Bewusstsein eine gewisse Entwickelung, sowohl an
Stärke als an Ausdehnung erreicht, können Erinnerungen und Erwartungen das Handeln bestimmen, selbst wenn ihm augenblickliche Lust oder Unlust entgegensteht, und hier findet sich die
erste Spur einer über das unmittelbar Gegebene und Gegenwär-
tige hinaus liegenden Regel der Handlung. Und zugleich haben
wir hier das erste, klare Hervortreten eines bestimmten Willens
in der Energie, womit die augenblicklichen Antriebe zurückgedrängt werden, damit die Beweggründe, welche sich von wesent-
licherer Bedeutung für das Wohl und Weh des Individuums erwiesen haben, sich geltend machen können. In jeder Aufmerksamkeit ist etwas von einem Willen enthalten, am deutlichsten
aber tritt dies auf dem Gebiete der Handlung hervor, sobald die
Erfahrung ein Bewusstsein von den verschiedenen Folgen der
Handlungen für den Menschen hervorgerufen hat.

Man hat oft versucht, die Aufmerksamkeit und sämmtliche
Willensäusserungen auf blosse Modificationen von Wahrnehmungen und Vorstellungen, eine Art Verdichtung von diesen,
zu reduciren. Dem entgegen hat die neuere Physiologie und
Psychologie zu dem Ergebniss geführt, dass die Bewegung den
Empfindungen und den Vorstellungen vorausgeht und ein primi-
tiverer Ausdruck unseres Wesens als diese ist. Auf der Stufe
des bewussten Lebens scheint es allerdings, als wenn Bewe-

gungen und Handlungen durch bestimmte Motive und Zwecke
geleitet werden. Gehen wir aber auf das Stadium zurück, wo
noch von keinen bewussten Wahrnehmungen und Vorstellungen
die Rede ist, auf das Kind im Mutterleibe, so sind die willkürlichen Bewegungen desselben aus keinem Zwecke zu erklären,
werden durch keine Vorstellung bestimmt, sondern haben einen
spontanen Charakter. „Es bewegt", wie *Johannes Müller* sagt,
„nicht seine Glieder zur Erreichung eines äusseren Zweckes; es
bewegt sie, bloss weil es sie bewegen kann" [1]. Erst allmählich
führen die Erfahrungen, welche in dieser Weise gemacht werden, dazu, die folgenden Bewegungen nach gewissen Richtungen
zu leiten, und endlich kann die Vorstellung von der möglichen
Bewegung der wirklichen Bewegung vorausgehen und diese hervorrufen. Aber selbst die Art, wie die ursprüngliche spontane
Bewegung vor sich geht, ist durch die angeborene Organisation
des Individuums bedingt, und hieraus geht nun wieder hervor,
in welch hohem Grade die Richtung und der Charakter des
Handelns des Individuums von der Natur abhängig sind, die es
von seinen Vorfahren als Erbschaft empfängt. Das individuelle
Handeln geht hier auf das Handeln des ganzen Geschlechtes
zurück und wird durch dieses bestimmt. Die spontane Bewegung spielt nämlich nicht nur beim Anfang des individuellen
Lebens eine Rolle; alles was wir instinctives Handeln nennen,
gehört hierher. Es sind Handlungen, die wir vornehmen, ohne
zu wissen warum, und deren eigentlicher Charakter uns erst
später bewusst wird, wie der junge Vogel seine Stimmwerk-
zeuge in Bewegung setzt, ohne dass er weiss, warum er es thut
und erst in der Folge seine eigenen Töne erkennen lernt. Und
selbst wenn bewusste Motive sich geltend machen, so kennt
doch ein jeder aus seiner eigenen Erfahrung Gelegenheiten, wo
weder ein einzelnes dieser Motive, noch alle insgesammt eine

---

1) *Johannes Müller*: „Handbuch der Physiologie" (II p. 94). *Alex.*
Bain hat in seiner Schrift: „The senses and the intellect" (Book I) die
Lehre von der spontanen Bewegung, die man übrigens schon bei *Descar-*
tes in seinem „Traité des passions" (I 10—11, II 107) findet, näher entwickelt
und begründet.

genügende Erklärung der Handlung enthalten; man muss hier
auf den tieferen Instinct zurückgehen, dieser mag sich nun im
Lebenslauf des Individuums als eine zweite Natur gebildet
haben, oder ein Ausfluss der ursprünglichen Organisation sein.

Der Satz, dass alles Handeln der Lust oder dem Schmerze
entspringt, ist also nur zum Theil wahr; der Mensch handelt
nicht immer nach Motiven, und zwar aus dem Grunde, weil er
nicht immer mit Bewusstsein handelt. Es ist von Gewicht, dies
festzuhalten, weil man sonst zu einer falschen Auffassung des
menschlichen Wollens und Handelns auf dessen primitiver Stufe
gelangen würde. Man hat nämlich häufig den Satz von Lust
und Schmerz als das Grundmotiv der Handlung benutzt, um zu
beweisen, dass der Egoismus der tiefgehendste Trieb der menschlichen Natur sei. Wirklicher Egoismus aber setzt eine Reflexion,
eine Berechnung und somit eine Entwickelung des Verstandes
voraus, wovon auf dieser primitiven Stufe nicht die Rede sein
kann. Die instinctmässige Selbsterhaltung ist nicht mit Recht
Egoismus zu nennen. Erst bei einer höheren Entwickelungsstufe
kann das Individuum sich aus dem Zusammenhang losreissen,
worin es sich ursprünglich befindet, sich selbst zum Mittelpunkt machen und alles Andere zu Mitteln herabsetzen.

Ursprünglich macht das Individuum diesen Unterschied
nicht, trennt nicht Lust und Schmerz von dem, was sie hervorruft, sondern meint in der Lust oder dem Schmerze selbst
das Wesen der Dinge zu erkennen. Hierauf eben beruht es,
dass der Mensch erzogen werden kann; er kann durch die
Macht der wechselnden Stimmungen über seine ursprüngliche
Beschränktheit hinausgeführt werden, was nicht möglich wäre,
wenn er sich wirklich von Anfang an in sich selbst zurückge-
zogen hätte.

Eben so wenig wie unser physisches Weltsystem sich aus
der ursprünglichen Nebelmasse hätte entwickeln können, wenn
die abstossende Kraft die alleinherrschende gewesen wäre, eben
so wenig würde die Welt der Humanität entstanden sein, wenn
nur ein einziger, der isolirende Trieb nach Selbsterhaltung in
der menschlichen Natur geherrscht hätte. Auch in dieser wirkt
eine Mehrheit der Kräfte. Es liegt in ihr sowohl eine Anlage
zur Sympathie als zum Egoismus; es liegt in unserer Natur

„etwas von der Taube neben der Schlange und dem Wolfe". Wir finden sympathische Triebe bereits innerhalb des Thierreiches in der Liebe und Aufopferung der Eltern für ihre Jungen und im Zusammenhalten zwischen den Individuen derselben Heerde. Im Menschen werden diese Triebe entwickelt und bereichert, wie alle anderen, je nach dem Fortschritt der geistigen Entwickelung. Das unwillkürliche Mitleid und Mitgefühl mit Anderen ist aus keiner Berechnung, welche Folgen ihr Glück oder Unglück für uns haben könnten, zu erklären. Die Sympathie setzt nur voraus, dass wir selbst aus Erfahrung wissen, was Lust und Schmerz sei, und dass wir wirklich Andere als Wesen derselben Art betrachten. Wir versetzen uns unwillkürlich an ihre Stelle, machen ihre Gefühle zu den unsrigen. In welchem Umfange die Sympathie sich geltend macht, hängt davon ab, wie weit das Bewusstsein der Gemeinsamkeit sich erstreckt. Seinen ursprünglichen Heerd hat das sympathische Gefühl im Familienverhältniss, und bei sehr rohen Stämmen kann es selbst hier den Anschein gewinnen, als werde es durch den tyrannischen Selbsterhaltungstrieb in den Schatten gestellt, indem das Individuum im verzweifelten Kampf um das Dasein gegen Alles, was ihm im Wege steht, wüthet, wenn die Uebermacht ihm nicht die Waage hält. Aber die Sympathie ist an sich dem Menschen eben so natürlich, wie es das Familienverhältniss ist, und so wie das Menschengeschlecht zu Grunde gehen würde, wenn dieses Verhältniss aufhörte, so würde das nämliche geschehen, wenn alle Sympathie fehlte. Aus dem engeren Kreis der Familie verbreitet sie sich zuletzt über das Volk, den Stamm, und endlich über die ganze Menschheit.

Sowohl dadurch, dass der Mensch den Antrieben der Selbsterhaltung, als denjenigen der Sympathie folgt, wird er dazu gebracht, sich als ein Glied eines grösseren Ganzen zu betrachten. Seine Triebe mögen befriedigt werden oder auf Widerstand stossen, er bekommt einen Eindruck bestimmter Verhältnisse und festen Zusammenhanges, einer Ordnung der Dinge, unter welche er sich beugen muss. Es ist, wie wir bemerkt haben, die Entwickelung der Erkenntniss, was eine weitere Entwickelung der Gefühle ermöglicht. Allein die Erkenntniss verhält sich nicht nur als dienendes Werkzeug. Sie liefert selbst wesentliche

Beiträge zum Charakter der Handlung. Sie stellt allgemeine Sätze und Regeln auf, sie führt einen Gesichtspunkt consequent durch. Das Gefühl und die Leidenschaft haben die Tendenz, Ausnahmen zu machen, unregelmässig und nur in einer Richtung zu wirken. Die entwickelte Erkenntniss macht die Handlung consequent und richtet sie auf einen bestimmten Punkt. Das Individuum sieht in der anerkannten Wahrheit eine Autorität, die von seinen Wünschen und Trieben unberührt dasteht; er hat in ihr einen festen Punkt, wozu er seine Zuflucht nehmen kann, um eine unbefangene Auffassung seiner Lage und seines Vorhabens zu gewinnen. Das persönliche Leben bedarf der Läuterung durch die über alle Willkür und über allen Zufall erhabene unpersönliche Wahrheit. —

Aus dem bis jetzt Entwickelten ziehen wir einige allgemeine Folgerungen, welche uns unserem eigentlichen Gegenstande näher führen werden. Damit der Mensch zum Handeln komme, muss erstens eine hinlänglich starke Veranlassung dazu vorhanden sein. Die Stärke der Veranlassung heisst hier der Grad, in welchem der Mensch in einem gegebenen Augenblicke zum Handeln disponirt ist, und eine solche Disposition kann, wie wir gesehen haben, entweder ein ursprünglicher Instinct, ein unbewusster Trieb, oder ein durch gewisse Wahrnehmungen und Vorstellungen erregtes Gefühl von Lust oder Schmerz sein. Zweitens aber haben wir gesehen, dass Erfahrung und Erkenntniss einen grossen Einfluss auf das haben, was Lust oder Schmerz erregt, und dass der Mensch in seinem Handeln durch das grössere Ganze, wovon er ein Glied ist, und welches er mit uneigennütziger Sympathie umfassen kann, bestimmt wird. Insofern wir nur die Stärke dessen, was den Menschen zum Handeln treibt, berücksichtigen, scheinen wir nur mit ihm selbst zu thun zu haben; aber der Inhalt und der Zweck der Handlung weist uns über die einzelnen Individuen hinaus. Die Frage ist nun, ob wir in einem der hier hervorgehobenen psychologischen Gesetze Ausgangspunkte für die Auffassung und Begründung des Ethischen gewinnen können.

Dass das Ethische nicht auf der Stärke dessen beruht, was zum Handeln erregt, ist einleuchtend. Starke Gefühle und Instincte sind unmittelbare Ausflüsse von dem Temperament und dem angeborenen Charakter des Individuums. Es kann ein Vorzug auch in ethischer Hinsicht sein, mit starken Naturtrieben ausgerüstet zu sein, aber niemand wird das Wesen des Ethischen unmittelbar aus ihnen erklären wollen. Alle werden darüber einig sein, dass das Ethische immer ein Gesetz, eine Regel, einen Zweck voraussetze, der nicht unmittelbar mit Trieb oder Instinct zusammenfällt. Es ist mit dem Guten, wie mit dem Wahren. Wir nennen keine Vorstellung oder Meinung wahr, wenn wir nicht überzeugt sind, dass sie mit dem Maasstab, den wir in dieser Hinsicht besitzen, wirklich übereinstimmen. Und wir nennen auch keine Handlung gut, wenn sie nicht zu der Regel stimmt, die nach unserer Ansicht im menschlichen Leben gelten muss. Hier wird also beiderseits ein höheres Gesetz, ein höherer Maasstab vorausgesetzt. Wir werden dadurch auf eine andere Seite des menschlichen Handelns, auf dessen Inhalt und Zweck hingewiesen. Auch hier wird man nicht unmittelbar das Ethische finden. Es liegt sicher, wie wir bereits gesehen haben, unmittelbar im Wesen des Menschen eine Anlage, sich hinzugeben und etwas anzuerkennen, was über sein eigenes individuelles Ich hinausgeht. Allein erst wenn diese Anerkennung eine bewusste wird, wird sie es verdienen, eine ethische genannt zu werden. Und dies wird gerade die allgemeinste Begriffsbestimmung des ethischen Handelns sein, die wir angeben können: ein Handeln, dessen Motive Vorstellungen und Gefühle sind, die über das individuelle Ich hinausweisen und zeigen, dass das Individuum sich als ein Glied in einer umfassenderen Ordnung der Dinge ansieht, deren Zwecke er zu den seinigen macht, und deren Gesetz er als Regel für sein Leben betrachtet. Das griechische Wort, woraus der Ausdruck „ethisch" gebildet wurde, wie auch das lateinische, woher der gleichbedeutende Ausdruck „moralisch" kommt, bedeutet Sitte und Gewohnheit; in dem deutschen Wort „Sittlichkeit" haben wir dieselbe Grundbedeutung. Durch diese Ausdrücke werden wir auf ein allgemeines Gesetz oder eine Regel verwiesen, wonach das Handeln des Individuums sich richtet, es liegt aber in ihnen nicht, dass dies Gesetz der Gegenstand seines lebendigen Gefühls und seiner Hingebung sei; die blosse Gewohnheit knüpft ganz gewiss das Individuum an ein grösseres Ganzes, kann aber an sich sehr wohl rein mechanischen Ursprunges sein. Sitte ist noch keine Sittlichkeit.

In wie weit diese allgemeine Definition des ethischen Handelns, als eines durch die Anerkennung eines höheren Gesetzes und die Ehrfurcht vor demselben motivirten, richtig sei, wird erst allmählich aus den folgenden Untersuchungen hervorgehen. Erst im Laufe dieser Untersuchungen wird von der Natur dieses Gesetzes die Rede sein, und in wie fern wir überhaupt von einem gemeingültigen ethischen Gesetz sprechen können, so wie von der Beziehung desselben zu den verschiedenen Gesetzen, durch welche die Menschen zu verschiedenen Zeiten und Orten sich als gebunden gefühlt haben.

Die vorläufige Bestimmung des ethischen Grundgesetzes, welche wir aufgestellt haben, werden wir im Folgenden erst durch eine mehr indirecte, sodann durch eine mehr directe Beweisführung stützen. Erstens wollen wir nämlich die Berechtigung derjenigen Versuche prüfen, welche gemacht sind, das Ethische aus einem oder mehreren der im Vorhergehenden hervorgehobenen individuellen Gesichtspunkte zu erklären: dem reinen Selbsterhaltungstrieb, der Sympathie und der Vernunft. Wenn diese Elemente die vollständige Grundlage des Ethischen enthalten, so wird unsere Definition unrichtig sein; wenn dagegen jene Versuche sich als unvollständig erweisen, so wird sie eine indirecte Bestätigung finden; denn wenn die Grundlage des Ethischen nicht in dem rein Individuellen zu suchen ist, muss sie in der Beziehung des Individuums zu einer höheren Macht gesucht werden. Der zweite Theil unserer Aufgabe wird dann sein, den Nachweis zu liefern, wie eine solche Beziehung zu einer höheren Macht entsteht, und wie die Anerkennung und Ehrfurcht sich entwickelen, in welchen wir das eigentliche ethische Motiv erblicken. — Die erste Folge unserer Untersuchungen wird demnach die Individualität, die zweite die Autorität betreffen.

II. Individuelle Ausgangspunkte.

1. Bereits im Vorhergehenden haben wir gesehen, dass man nur mit Unrecht das durch Lust oder Unlust bestimmte Handeln des Menschen ein egoistisches nennen kann. Sucht man das Ethische aus dem Triebe nach Glückseligkeit, aus dem ursprünglichen Streben des Menschen nach Wohlbefinden zu erklären, so braucht man deswegen nicht zu leugnen, dass es andere Gefühle und Triebe in der menschlichen Natur als die rein egoistischen giebt. Es genügt, wenn man davon ausgeht, was wohl niemand in Abrede stellen kann, dass diese von Anfang an die stärksten sind. Um nun eine feste und zuverlässige Grundlage zu finden, worauf man das Ethische aufbauen kann, wendet man sich zu dem ursprünglichen Grundtrieb, der unter verschiedenen Formen bei jedem menschlichen Handeln befriedigt werden muss. Hier ist man sicher, über hinlänglich gewichtige Motive zu verfügen; man appellirt an das individuelle Interesse und sucht nachzuweisen, dass das ethische Handeln nur eine besondere Art sei, diesem Interesse zu genügen. Das Ethische ist das wohlverstandene Interesse.

Im Alterthum wurde dieser Standpunkt durch *Aristipp* und *Epicur* vertreten. Das Gefühl des Individuums von Lust und Schmerz ist ihnen die Grundlage und das Princip alles Handelns. *Aristipp* bezeichnete die Lust genauer als augenblicklichen Genuss. Die Aufgabe war nach ihm, eine solche Virtuosität zu besitzen, dass man sich in jedem Augenblick geniessend verhalten kann. Allein diese Isolirung des Augenblicks von der Vorzeit und der Zukunft erwies sich bald als undurchführbar, wie auch jene Virtuosität nur wenig Sterblichen zu Theil wird, welche mit äusseren glücklichen Verhältnissen geistige Regsamkeit und ein sanguinisches Temperament verbinden. *Epicur* ging deshalb nicht von der augenblicklichen Lust aus, sondern erblickte die Grundlage des rechten Handelns in dem Streben des Menschen nach dem Glück, als einer dauerhaften und durch Klugheit gesicherten Zufriedenheit, welche den unumgänglichen Schmerzen gegenüber Resignation voraussetzt. Das geringere wird dem grösseren, das kürzere dem dauerhafteren geopfert. Während sich *Aristipp* froh dem Augenblick hingab, zog sich *Epicur* in sich selbst zurück, im stillen Genuss des Friedens in seinem Innern, indem die Unruhe der Leidenschaft durch die vernünftige Ueberlegung gestillt, und die Furcht vor dem Unerwarteten und Uebernatürlichen durch die Einsicht in die nothwendigen Gesetze der Natur entfernt wird. An andere Menschen schliesst sich der Epicureer nur an, um seinen Genuss dadurch zu erhöhen, dass er ihn mit seinen Freunden theilt. Die Gesellschaft entsteht durch den Nutzen, welchen die Menschen sich gegenseitig erweisen können; sie schafft Sicherheit und ist somit eine nothwendige Bedingung für die Glückseligkeit des Weisen, da er sonst in einer steten Unruhe leben und in angestrengter Thätigkeit sich selbst entzogen werden würde.

Die verwandten Richtungen, welche in der Neuzeit hervorgetreten sind, haben trotz des gemeinsamen Ausgangspunktes zwei charakteristische Eigenthümlichkeiten. Die Hauptsache ist nicht mehr, dem Individuum einen idyllischen Zufluchtsort zu verschaffen, wo er das Leben in Ruhe geniessen kann, sondern die Befriedigung eines rastlosen Dranges nach Fortschritt. Charaktere wie *Hobbes* und *Bentham* haben nur wenig mit *Aristipp* und *Epicur* gemein; sie sind Polemiker und Reformatoren. Hiermit hängt es auch zusammen, dass sie viel weniger an des Einzelnen als an Aller Glück denken. Für *Aristipp* und *Epicur* war es etwas natürliches, sich in ihr individuelles Ich zurückzuziehen, da sie in einer Zeit lebten, wo das öffentliche Interesse sich verloren und die Auflösungsperiode einer ganzen Cultur angefangen hatte. Aber es war eben so natürlich für Männer einer verwandten Richtung in der Neuzeit, wo das Cultur- und Gesellschaftsleben in gedeiblichem Fortschreiten ist und neue Kräfte und Ideen sich regen, einen umfassenderen Standpunkt einzunehmen.

Das erste von der Natur selbst angewiesene Gut ist nach *Hobbes* die Selbsterhaltung. Alle streben darauf hin, das Leben zu geniessen und dem Tod, besonders einem schmerzvollen Tod zu entfliehen. Aus diesem ersten Gut können andere Güter entspringen. So sind Macht, Reichthum, Freundschaft und Weisheit Güter, weil sie zur Erhaltung und zum Genuss des Lebens dienen. Ein höchstes Gut, ein absoluter Zweck lässt sich nicht denken; es würde denn ein Zustand sein, wo jeder Gegensatz, jede Bewegung aufgehört hätte; so aber würde kein Genuss, nicht einmal eine Möglichkeit dazu vorhanden sein; denn jede Empfindung setzt Abwechselung und Vielfältigkeit voraus. Das grösste Glück besteht darin, dass man bei so wenig Hindernissen als möglich gegen höhere und fernere Ziele fortschreitet.

Da der Selbsterhaltungstrieb bei Allen gleich stark ist, der Eine aber dem Anderen leicht im Wege steht, so leben die Menschen, nach *Hobbes*, in einer beständigen gegenseitigen Furcht vor einander. Die Schwachen fürchten die Macht der Starken, die Starken der Schwachen List. Das einzige Mittel der Sicherheit ist, dem Anderen vorzugreifen, indem man ihm die Fähigkeit zu schaden nimmt. Dadurch entbrennt nun der Kampf Aller gegen Alle. Die Menschen sind gegen einander wie reissende Wölfe. Bei diesem Zustand kann keine Cultur, kein wahres Menschenleben sich entwickeln. Die Fähigkeit des Menschen, seinen Blick in die Zukunft hinausschweifen zu lassen, macht ihn nur unglücklicher, als das Thier ist. Die Furcht und der Kummer erwachen stets von neuem, wie die Leber des Prometheus des Nachts wieder auswuchs, nachdem sie am Tage verzehrt war. Indem sich nun die Vernunft entwickelt, belehrt sie den Menschen, dass dieser Kriegszustand die Quelle all seines Elends und dass er deswegen um jeden Preis zu vermeiden sei. Der Friede ist also ein Gut, über dessen Werth sich Alle einigen können; er entspricht dem Bedürfnisse Aller und führt sie über die Nachtheile des Naturzustandes hinaus. Die Vernunft prägt die natürlichen Gesetze

ein, welche die Menschen befolgen müssen, wenn sie sich aus
dem ursprünglichen thierischen Zustande emporarbeiten wollen.
Diese Gesetze setzen der individuellen Freiheit, dem unmittel-
baren Einfluss der Leidenschaften Schranken, und schärfen
gewisse Tugenden als nothwendige Mittel eines friedlichen
Lebens ein. Solche Tugenden sind Gerechtigkeit, Dankbarkeit,
Versöhnlichkeit, Mitleid u. s. w. — Damit aber die natürlichen
Gesetze etwas mehr als blosse Vorschriften und Satzungen werden, und den unbändigen Trieben gegenüber mit genügender
Autorität auftreten mögen, müssen sich Alle einem gemeinsamen
Gebieter, einer absoluten Autorität, unterwerfen, dem gegenüber
sie, jeder für sich, ihren eigenen Willen gänzlich aufgeben.
Das Naturgesetz, welches die Mittel zur Befriedigung des Selbst-
erhaltungstriebes vorschreibt, schreibt deswegen auch vollständige Unterwerfung unter die Staatsmacht als einziges Mittel
zur Sicherung des Friedens vor.

Bentham ist nicht wie Hobbes pessimistisch; er hält es
nicht für nothwendig, den Menschen Fesseln anzulegen, damit
sie sich nicht wie die wilden Thiere zerreissen; doch hält er
an dem Glückseligkeitstrieb, als der einzigen Grundlage des
Ethischen, fest. Gegenüber diesem Triebe sind die Reden
von Pflicht und Selbstaufopferung nur leere Worte; wie könnten
auch solche Redensarten den mächtigsten, in unserem Wesen
am tiefsten begründeten Drang überwinden? Und auf der
andern Seite, was würde das für eine Tugend sein, die um
nichts zur Förderung menschlichen Glückes beitrüge? Und
selbst, wenn es eine solche Tugend gäbe, durch welche
Gründe würde man den Menschen bewegen, danach zu streben?
Man muss alle Fragen über Gutes und Böses auf Fragen über
Lust und Unlust zurückführen; erst dann kann man zu einer
sicheren und bestimmten Würdigung derselben gelangen. Auf
dem einfachen Gegensatz zwischen Lust und Schmerz sind alle
ethischen Tugenden, alle ethischen Verhältnisse zu begründen.
Gieb mir Freude und Kummer, Lust und Schmerz, und ich
werde eine ethische Welt erschaffen!

Da der Grundtrieb des Menschen ursprünglich auf das
Glück gerichtet ist, handelt es sich bloss darum, ihn richtig zu
leiten; denn durch Kurzsichtigkeit und falsche Berechnung ent-

schlüpft dem Menschen oft, was er sucht. Die Aufgabe der
Ethik ist deswegen, den Menschen richtig urtheilen zu lehren.
Er muss lernen, das Kleinere dem Grösseren zu opfern. Nur
solche Opfer sind zu vertheidigen, welche jetzt oder in der
Zukunft die Lust vermehren oder den Schmerz vermindern.
Klugheit ist deshalb die erste oder eigentlich die einzige Tugend.
Mit ihr steht die Mässigung und die Selbstbeherrschung in
engem Zusammenhang. Indessen nicht jedes Streben nach Glück
oder Nutzen verdient tugendhaft genannt zu werden; damit das
Streben diesen Namen trage, muss es mit Anstrengung verbunden sein und einen Widerstand zu überwinden haben. Die
Anstrengung besteht im Festhalten der gewonnenen Einsicht
in die Bedingungen des Glücks, den Antrieben des Augenblickes gegenüber. Eine unethische Handlung beruht auf einer
falschen Berechnung des persönlichen Interesses; das Individuum
hat aber nicht allein seine eigenen Interessen zu berücksichtigen. Um sein eigenes Ziel zu erreichen, muss man den Interessen Anderer dienen. Ein grosser Theil unserer Freuden und
Genüsse beruht auf dem Willen Anderer, und man kann sich
die Mitwirkung derselben nur dadurch sichern, dass man selbst
für ihre Wünsche wirkt. Das persönliche Interesse selbst ist das
stärkste aller Bande, was den Einzelnen an das ganze Geschlecht
knüpft. Bilde dir nicht ein, dass die Menschen, um dir zu dienen, auch nur eine Fingerspitze bewegen werden, wenn sie keinen Vortheil davon haben; es ist dies nie geschehen und wird
auch nie geschehen, so lange die Menschennatur so bleibt, wie
sie ist. Aber die Menschen werden wünschen, dir zu dienen,
wenn sie ihren Vortheil dabei finden, und es giebt unzählige
Gelegenheiten, wo sie dir von Nutzen sein können. Solche Gelegenheiten entdeckt der Verständige, die Menge ist aber blind
dafür. In diesen gegenseitigen Dienstleistungen besteht die
Tugend. — Neben die Klugheit als Haupttugend wird also das
berechnende Wohlwollen gestellt. *Bentham* hebt aber ausdrück-
lich hervor, dass die Liebe zu sich selbst der Liebe zu Anderen
zu Grunde liege, oder, wie er sich ausdrückt, dass das sociale
Princip dem persönlichen Princip untergeordnet sei. Die Ethik,
wie sie *Bentham* auffasst, könnte man definiren als die Lehre
von den Umwegen, welche die Menschen machen müssen, um

ihr Streben nach Glück zu befriedigen. Der wichtigste dieser Umwege wird durch die Rücksicht auf Andere bedingt. *Bentham* legt auf diesen Punkt so grosses Gewicht, dass er es als allgemeines Princip aufstellt: das grösstmögliche Glück für die grösstmögliche Anzahl der Menschen! Dies Princip hebt nicht die Gebote der persönlichen Klugheit auf, denn das Glück jedes einzelnen Individuums ist ja eben so gut ein Theil des gemeinsamen Glückes, als das aller Anderen. Das Princip wird also nicht besser erfüllt, als wenn jeder für seinen Theil sich so viel Glück als möglich bereitet.

Bentham polemisirt heftig gegen Worte wie „Pflicht" und „Sollen", weil sie ihm ungegründete Autoritätsgebote zu begünstigen scheinen. Wenn man — meint er — einmal ausgesprochen hat, dass etwas eine Pflicht sei, oder geschehen solle, betrachtet man die Sache als erledigt, ohne dieselbe näher zu begründen. Es giebt aber ein Wörtchen, das an dem Schaden bessert, welchen jene Worte verursacht haben, nämlich das Wort wa r u m. Wenn man nur fortfährt, dies zu gebrauchen, so wird man, hofft *Bentham*, dem Autoritätsglauben und der Herrschaft der mystischen Einflüsse in der Ethik ein Ende machen. Und hier hat er in der That ein grosses Verdienst. Er hat so energisch, wie vielleicht kein anderer Ethiker, für jedes einzelne ethische Gebot Gründe verlangt. Er hat ferner den engen Zusammenhang zwischen dem Autoritätsglauben und der Ascese nachgewiesen; beide sind der menschlichen Natur gegenüber gleich tyrannisch, verstümmeln diese, jede in ihrer Weise. Er hat endlich in seinem Princip des grösstmöglichen Glückes für Alle einen Maasstab für praktische Reformen aufgestellt, der seine grosse Bedeutung schon bewährt hat. Für das central ethische Verhältniss aber hat er in seiner Theorie keinen Blick. Giebt es etwas, womit der Ethiker sich zu beschäftigen hat, so muss es der Begriff der Verpflichtung selbst sein. Dass *Bentham* diesen aus der Ethik entfernt wissen will, hat seinen natürlichen Grund darin, dass dieser Begriff in seiner eigenen Auffassung keinen Platz finden kann; denn man braucht ja nicht zu etwas verpflichtet zu werden, was man unmittelbar und unwillkürlich erstrebt. Auf der anderen Seite unterlässt *Bentham* nicht, sowohl das Wort „Pflicht" als das Wort „Sollen" zu gebrauchen, wo es sich darum handelt, die Tugenden der Klugheit und des Wohlwollens einzuprägen. Und die einzige Sanction, worauf er als Grundlage der Verpflichtung verweisen kann, ist die Furcht vor Strafe, entweder der criminellen Strafe oder der Verurtheilung durch die öffentliche Meinung. Hier beruft er sich gerade wie *Hobbes* auf die Furcht als letztes Motiv.

Die allgemeinen psychologischen Untersuchungen, welche wir früher anstellten, liefern die nöthigen Elemente zur Kritik der nun dargestellten Versuche. Was *Bentham* (wir beschränken uns auf ihn, da er der Theorie die vollendetste Form gegeben hat) voraussetzt, ist, dass das Handeln des Menschen nur nach bewussten, mechanisch gegen einander abzuwägenden Motiven vor sich gehe. Er übersieht den tieferen Zusammenhang zwischen dem einzelnen Individuum und dem ganzen Geschlecht, welchem es entspringt und in dessen Mitte es lebt. Der Lehre *Bentham*'s gemäss ist es nur das persönliche Interesse, was die Menschen vereinigt. Obgleich er die Lehre *Hobbes*' von einem ursprünglichen Contract, wodurch das Gesellschaftsleben gestiftet wurde, damit jeder Einzelne Sicherheit und Frieden finde, nicht theilt, behauptet er dennoch im Princip denselben Standpunkt. Die Gesellschaft und das Geschlecht sind ihm nur ein Resultat, ein mechanisches Aggregat von Individuen, nicht zugleich der Mutterschooss, woraus diese entspringen. Allein bereits *Hobbes* selbst wurde darauf aufmerksam, dass es doch eine Gesellschaft gebe, die nicht auf diesem Wege zu erklären sei, nicht durch die individuelle Willkür der Parteien entstanden sein könne, nämlich der Familienverband, besonders der Verband zwischen Mutter und Kind. Hier macht sich nicht nur ein unmittelbar sympathischer Instinct geltend, sondern wir haben zugleich ein Verhältniss, wo die Autorität keineswegs die Folge eines Contracts sein kann. Das Kind befindet sich unmittelbar unter der Botmässigkeit der Mutter, nicht in dem Naturzustande, von welchem *Hobbes* spricht. Der Mensch beginnt also in Wirklichkeit nie ganz von vorne, und schon hierin haben wir einen Fingerzeig, dass auch nicht die Ethik, die Lehre vom rechten Handeln des Menschen, tief genug zu begründen ist, wenn man einen rein individuellen Ausgangspunkt annimmt. Der

Mensch macht, als geniessender und leidender, Alles zu Mitteln für sich, directen oder indirecten; aber das ethische Verhältniss entsteht erst, wenn der Mensch sich nicht nur als Zweck, sondern als Mittel, nicht bloss als Herr, sondern auch als Diener — Mittel und Diener umfassenderer Zwecke fühlt, als seine eigene Lust und Unlust ist. Es widerspricht dies dem nicht, was *Bentham* mit so grossem Recht gegenüber der ascetischen Ethik hervorhebt, dass kein Opfer Werth habe oder berechtigt sei, welches kein grösseres Glück hervorbringe, als das geopferte. Denn daraus, dass das Glück des Individuums nicht die Grundlage des Ethischen sein kann, folgt noch nicht, dass das Ethische demselben feindlich gegenüberstehe. Es könnte ja sein, dass das höchste Glück, die vollste Entfaltung der Fähigkeiten und Kräfte des Menschen eben voraussetzt, dass er einer höheren Sache dienstbar sei und sich derselben gänzlich hingebe, ohne seiner eigenen individuellen Lust oder seines Schmerzes besonders zu achten.

Erst wenn es sich nicht mehr um die Grundlage der Ethik, sondern um den Inhalt derselben handelt, zeigt sich die Grösse *Bentham's*. Es ist ein grosses philanthropisches und reformatorisches Princip, was er in dem Satz von dem grösstmöglichen Glück für Alle aufgestellt hat. Seine Lehre ist eher eine Theorie von der richtigen Gesetzgebung, als eine ethische Theorie. Die Gesetzgebung muss stets danach streben, Harmonie zwischen den individuellen Interessen zu Stande zu bringen. Sie fasst das Resultat, nicht das Motiv in's Auge. So lehrt *Bentham* auch, dass es auf die Handlung selbst und ihre Folgen, nicht auf die Motive ankomme. Alle Motive sind ja nach seiner Auffassung nur verschiedene Formen eines und desselben Grundtriebes; die Menschen handeln nur, um Lust zu erreichen und dem Schmerz zu entfliehen; hierin stimmen also alle Handlungen überein, während ihre Folgen sehr verschieden sind. Dennoch sind es auch die Folgen an und für sich nicht, die nach *Bentham's* Ansicht eine Handlung zu einer ethischen oder unethischen stempeln; er nennt nur die Handlung eine tugendhafte, wo eine umfassendere Erkenntniss und nicht der Antrieb des Augenblicks der bestimmende Grund ist; die Tugend setzt Anstrengung voraus. Er geht also selbst auf das Motiv zurück (das natürlich die Rücksicht auf die Folgen einschliessen muss) und bestätigt die vorläufige Definition, welche wir von dem ethischen Handeln aufgestellt haben, nur dass dieses Gesetz nach seiner Auffassung dem Glückseligkeitstrieb entspringt, eine directe Auslegung desselben ist. Allein es ist dies ein zu enger Standpunkt. [1]) —

Es könnte scheinen, als ob die Lehre vom Glückseligkeitstrieb als Grundlage des ethischen Handelns durch die bekannte Lehre *Darwins* vom Kampf um das Dasein bestätigt würde. Wie die Pflanze und das Thier, erreicht auch der Mensch die höchste Entwickelung seines Wesens nur durch die Arbeit für die Erhaltung seines Lebens. Es ist eine Thatsache, dass Cultur und Gesellschaft zum grossen Theil nur durch die Wechselwirkung der Interessen möglich sind. Es ist das rastlose Streben nach höherem und bleibenderem Lebensgenuss, was zu neuen Arbeiten und Entdeckungen führt; der Wilde wird durch seine wenigen und einfachen Bedürfnisse auf einer niedrigeren Culturstufe zurückgehalten. Aber eine wie hohe Stufe der Cultur man immer voraussetzen mag, das Leben bleibt doch stets ein Kampf um das Bestehen. Jeden Augenblick kann die einfache Frage des Seins oder Nichtseins entstehen, und der Selbsterhaltungstrieb kann dann in seiner ganzen brutalen Nacktheit hervorbrechen. So z. B. am Bord eines in

---

1) In der Vertheidigung, die *Stuart Mill* für den Utilitarianismus, d. h. die auf den Glückseligkeitstrieb gegründete Ethik führte, hat er, wie ich an einer andern Stelle („Den engelske Philosophi i vor Tid" [„Die englische Philosophie unserer Zeit"] p. 50—58) gezeigt habe, diese Lehre so umgeändert, dass er an derselben kaum noch dasjenige länger festhält, was ihre Gegner bestritten. Es sind hauptsächlich 2 Punkte, in denen er von *Bentham* abweicht. Er gibt *Bentham*'s und der ältesten Utilitarianer Lehre auf, dass alle Lüste gleicher Art und nur verschieden in ihrer Stärke sind und unterscheidet zwischen edleren und niederen Genüssen. Da aber der Maasstab für diesen Werthunterschied nicht im Genuss selbst zu suchen ist, so ist damit der Utilitarianismus eigentlich aufgegeben. Ferner legt er weit grösseres Gewicht auf die sympathischen Gefühle und sieht in diesen die eigentliche Grundlage der Ethik, wodurch er den egoistischen Standpunkt, der bei *Bentham* der herrschende war, aufgibt.

offener See brennenden Schiffes, wo die Schiffsleute sich der
Boote bemächtigen, während die Passagiere sich auf Leben und
Tod um die Rettungsgürtel schlagen. Der Stärkste und Rück-
sichtsloseste wird hier am leichtesten entkommen. Was nur
ein einzelnes schreckliches Ereigniss unter den civilisirten Menschen hervorruft, ist bei den Wilden stehende Gewohnheit,
welche wie die Thiere sich kranker und hinfälliger Individuen
entledigen.

Hierbei ist nun zuerst zu bemerken, dass, selbst wenn der
Egoismus das einzige Motiv im Kampfe um's Dasein wäre,
dieser Umstand dennoch keinen genügenden Grund abgäbe,
das ethische Gesetz aus dem Egoismus abzuleiten; die Frage
würde dann eben die sein, ob es keinen Weg gebe, um aus
dem Egoismus herauszukommen. Allein man muss sich nicht
durch Beispiele der Brutalität verblenden lassen, zumal man
ihnen Beispiele heldenmüthiger und uneigennütziger Aufopferung
entgegenstellen kann. Der Kampf um das Dasein heisst im
Grunde nichts anderes, als der Kampf um die Erhaltung der
bestimmten Form des Daseins, welche man erreicht hat. Je mehr
die Entwickelung fortschreitet, desto weniger ist es die nackte
Existenz, worum es sich handelt. Die Menschen leben in gewissen F o r m e n, die sie weder aufgeben können noch wollen,
Formen, welche als Ausdruck des Menschlichen dastehen und
deren Erhaltung und Entwickelung Gegenstände des Kampfes
sind. Der Kampf gilt der Behauptung des Wahren, Schönen
und Edlen, welches das Menschengeschlecht während seines
Daseins erzeugt hat. Wer sich einem idealen Zweck, seiner
Kunst oder seiner Wissenschaft opfert, oder sein Leben einsetzt,
um einen Anderen zu erretten, der kämpft eben so gut für das
Leben wie der Egoist, der seinem eigenen Vortheil Alles und
Alle opfert. Die Nationalökonomen sprechen von einer ange-
wohnten Lebensweise, einem „standard of life" als Inbegriff
aller der Forderungen, welche die Arbeiter an das Leben stellen,
und deren Niveau sie sich zu erhalten streben. Auch in
ethischer Beziehung gibt es einen „standard of life", um dessen
Behauptung der Kampf sich eigentlich dreht. Der Mensch
kämpft stets um das zu behaupten, was ihm das Höchste
ist, und woran er seine ganze Persönlichkeit geknüpft hat.

Es ist nicht richtig, seinen Blick nur auf die elementarsten und brutalsten Formen des Kampfes um das Leben zu richten: um das Wesen des Menschen kennen zu lernen, muss man nicht nur eine einzelne Entwickelungsstufe studiren, sondern dasselbe durch all die verschiedenen Stufen hindurch verfolgen; und in dem Gesetze, das für den Entwickelungsgang von der niedrigsten dieser Stufen bis zur höchsten gilt, sieht man das ganze Bild der menschlichen Natur. Die Kohlraupe und der Schmetterling sind dasselbe Thier in verschiedenen Stadien, und nur im Gesetz der Entwickelung von einem Stadium zum anderen hat man ein Bild der Natur dieses Thieres.

2. Den Versuchen, das Ethische aus dem Glückseligkeitstrieb abzuleiten, stellen wir nun die Versuche entgegen, welche man gemacht hat, dasselbe aus der natürlichen Sympathie zu erklären. Im Alterthum wurde dieser Standpunkt von den Stoikern hervorgehoben, indem sie zeigten, wie die Menschenliebe ihre Quelle in der Liebe der Eltern zu ihren Kindern habe, von wo aus sie sich über immer weitere Kreise ausbreite, bis sie das ganze Volk, ja zuletzt die ganze Menschheit umfasse. Gleich wie wir unsere Glieder gebrauchen, ehe wir noch gelernt haben, zu welchem Zweck wir sie bekommen, so haben wir aus der Hand der Natur selbst einen Trieb zum geselligen Zusammenleben mit Anderen empfangen. In der neueren Zeit wurde diese Lehre weiter entwickelt von *Shaftesbury*, *Hume* und *Adam Smith*, und in unseren Tagen von *Auguste Comte*, *Darwin* und *Spencer*. Von den beiden letzteren wurde sie mit der Entwickelungshypothese in Verbindung gebracht.

Wenn der Mensch unmittelbar und instinctiv an dem Wohl und Weh Anderer Theil nimmt und von der Geburt an Glied einer Gesellschaft ist, so wird auch die Erhaltung der Gesellschaft Zweck des Einzelnen sein. Bereits bei den Thieren finden wir starke gesellige Triebe. *Darwin* erzählt nach *Brehm*, dass, als eine Heerde Paviane von einigen Reisenden durch Steinwürfe in die Flucht gejagt wurde, sich einige der kräftigsten Männchen mehrmals umwandten, um mit Lebensgefahr die Jungen, welche nicht mit fort konnten, zu retten. Solche gesellige Triebe werden durch die Qualitätswahl entwickelt. Die

Thiere, welche sich gegenseitig unterstützen, gewinnen im Kampf
um das Leben einen Vortheil über die isolirt Kämpfenden.
Durch Vererbung und beständige Uebung entwickeln sich die
geselligen Interessen stets mehr; und da der Bestand der
Art auf ihnen beruht, werden sie in der Regel auch die
stärksten sein; sie wirken leise, aber ununterbrochen, selbst
wenn sie in einzelnen Augenblicken durch den egoistischen
Selbsterhaltungs- und Glückseligkeitstrieb zurückgedrängt werden. Wenn das Individuum, nachdem es der Versuchung unter-
legen ist, in seinen normalen Zustand zurückgekehrt ist, wird
es merken, dass der bleibendere und tiefer begründete Instinct
in seiner Thätigkeit gehemmt wurde. Schon beim Thiere kann
man deshalb von Reue sprechen; doch ist nur der Mensch ein
moralisches Wesen zu nennen, weil er die Fähigkeit besitzt,
zwischen seinen vergangenen und künftigen Handlungen oder
Beweggründen Vergleiche anzustellen, sie zu billigen oder zu
missbilligen. Man kann oft bei den Thieren einen Kampf der
Instincte beobachten, z. B. beim Hunde zwischen dem Gehorsam
gegen den Herrn und der Liebe zu den Jungen, bei der Schwalbe
zwischen der Mutterliebe und dem Wandertrieb. „So lange
die Schwalbe brütet oder ihre Jungen füttert, ist die Mutterliebe stärker als der Wandertrieb; der ausdauerndste Instinct
trägt aber den Sieg davon, und zuletzt, wenn die Jungen einmal ausser Gesicht sind, ergreift sie die Flucht und verlässt
sie. Welche Gewissensbisse würde jeder einzelne Vogel empfinden, wenn er, am Ziel seiner Reise angelangt, wo der Wandertrieb nicht mehr thätig ist, mit einer solchen Lebendigkeit
der Seele begabt wäre, dass er nicht verhüten könnte, dass
das Bild seiner im kalten Norden vor Hunger und Kälte ster-
benden Jungen an seiner Seele vorüberzöge.“ [1]) Die intellec-
tuellen Fähigkeiten des Menschen sind nun eben so entwickelt,
dass frühere Eindrücke und Bilder stets an seiner Seele vor-
überziehen, so dass er nicht umhin kann, Vergleiche anzustellen;
nur er kann deswegen wirkliche Reue empfinden; sie erweckt
in ihm ein gesteigertes Gefühl der Pflicht, d. h. ein Gefühl

---

1) *Darwin*: Der Ursprung des Menschengeschlechts.

des Gehorsams gegen den tiefstliegenden und stets thätigen
Instinct in seiner Natur; dass es etwas gebe, was der Mensch
soll, heisst, dass er das Bewusstsein vom Vorhandensein eines
anhaltenden Instinctes habe, der ihm als Führer dient, der aber
auch der Gefahr des Nichtbefolgtwerdens ausgesetzt ist.

So wie der Lehre *Benthams* gemäss nicht jede Befriedigung
des Glückseligkeitstriebes eine ethische zu nennen war, sondern
nur die, wo der Mensch der klugen Berechnung des Verstandes
trotz den Antrieben des Augenblickes folgte, so können auch
die Anhänger der Sympathiemoral nicht jedes aus einem
sympathischen Triebe hervorgegangene Handeln als ethisch
betrachten. *Tacitus* erzählt von den alten Germanen, dass, obgleich sie sich über Geschenke freuten, sie doch glaubten,
weder Dankbarkeit schuldig zu sein, wenn sie empfangen, oder Ansprüche darauf zu haben, wenn sie gegeben
hatten. Und ebenso wird von einigen Indianerstämmen erzählt,
dass sie aus Hingebung ebenso wie aus Leidenschaft handelten,
ohne Berücksichtigung der Folgen. Wenn sie einem Anderen
eine Freundlichkeit erzeigt hatten, hatten sie nur einen Trieb
befriedigt, die Sache war abgemacht und verschwand aus der
Erinnerung; sie fühlten aber umgekehrt auch keinen Verdruss
darüber, ihre selbstsüchtigen Leidenschaften befriedigt zu haben;
die von ihrer Sympathie wie von ihrem Egoismus eingegebenen
Handlungen waren lediglich Kinder des Augenblickes. Hier bewährt es sich nun wieder, dass das Ethische ein Vorbild voraussetzt, ein Gesetz, das über die augenblickliche Stimmung hinausgeht und auf eine umfassendere und festere Form für das Menschenleben verweist. Es heben deshalb auch *Darwin* und seine
Anhänger die Bedeutung der Erinnerung und des Gedankens hervor. Gedanke und Erinnerung sind hier nicht dem Glückseligkeitstrieb, sondern der Sympathie dienstbar, deren Forderungen sie
gegen die Ansprüche des Selbsterhaltungstriebes und des Egoismus
aufrecht erhalten. Das persönliche Princip ist hier dem socialen
untergeordnet. Durch die läuternde und leuchtende Macht der
Erkenntniss können die Sympathien allmälich von ihren Schranken befreit werden, über die engeren Kreise der Familie und
der Nation hinausgehen und zu einer uneigennützigen Liebe zu
allen lebendigen Wesen werden.

Auch *Bentham* und die Utilitarianer konnten auf einen grossen socialen Zusammenhang, worin das Individuum in ethischer Hinsicht stehe, hinweisen. Alles, was sich auf die Erhaltung des menschlichen Lebens und auf die Befriedigung seiner Bedürfnisse bezieht, wird nicht in jeder einzelnen Generation neu geschaffen, sondern jedes neue Geschlecht arbeitet auf der Grundlage fester Einrichtungen, Formen und Ueberlieferungen, die es von früheren Geschlechtern geerbt hat. Die Cultur beruht auf der Ueberlieferung. Nicht bloss durch seine Vernunft, seine Fähigkeit des Combinirens und Voraussehens, erhebt sich der Mensch über das Thier; der Fortschritt würde nicht gross werden, wenn jeder von vorne anfangen müsste. Die Sprache und die Ueberlieferungen ermöglichen die Aufbewahrung und Verbreitung der Erfindungen und Entdeckungen. Das System der Interessen, worauf der Utilitarianismus verweist, umfasst somit nicht nur alle gleichzeitig lebenden Menschen, sondern auch die zahllose Reihe früherer Geschlechter. Als Culturwesen sind wir mit unseren Vorgängern solidarisch verbunden. Der Utilitätsmoral zufolge aber ist die Cultur nur ein äusserlicher Zusammenhang, in welchen das Individuum sich hineinlebt, weil es nur durch Arbeit für i h r e Befestigung und Entwickelung s e i n e e i g e n e n Interessen befriedigen kann. *Bentham* und seine Schule übersieht den Einfluss, den die Cultur vermöge der allgemeinen Gesetze des Lebens auf die menschliche Natur hat und haben muss. Die menschliche Natur wird durch die culturgeschichtliche Arbeit entwickelt und umgebildet. Mit den veränderten Lebensbedingungen verändern sich auch allmählich die ursprünglichen Triebe und Anlagen. Es ist nicht bloss die äussere Ueberlieferung, was den Einzelnen der Errungenschaften des Geschlechtes theilhaftig macht; in seiner innersten Natur fühlt er die Nachwirkungen von den Anstrengungen der Vorzeit in Folge des allgemeinen physiologischen Gesetzes, dass die Function auf die Organisation zurückwirkt. Die ursprüngliche Lage der Menschen musste sie zu Egoisten machen; die milderen Formen, welche der Kampf um das Leben allmählich annimmt, müssen auch die menschliche Natur mildern. Die grossen Vertreter der Entwickelungshypothese, *Darwin* und *Spencer*, treten deshalb auch gegen *Bentham*, *Mill* und *Bain*

auf.¹) Während die Utilitarianer den Glückseligkeitstrieb als
zu allen Zeiten gleich stark voraussetzen, ist der Ausgangspunkt
der Sympathiemoral keine constante Grösse, sondern wechselt
stets. Seine tiefste Grundlage hat der sympathische Trieb, wie
schon öfters angedeutet, in dem Mutterinstincte. *Auguste Comte*
findet darum auch die erste Spur des moralischen und socialen
Lebens auf dem Punkt innerhalb des Thierreiches, wo der
Hermaphroditismus aufgehört hat und die Geschlechter getrennt
sind. Vom Familienverhältniss aus verbreitet es sich nun über
immer weitere Kreise. Die rein empirische Auffassung kann
dies stille Wachsthum der Sympathie nicht zur Genüge begründen. Zwar hat *Hartley*, und nach ihm in unseren Tagen
Stuart Mill, mit Recht hervorgehoben, dass vermöge der Gesetze
der Ideenassociation der Mensch dasjenige um seiner selbst
willen lieben werde, wofür er sich anfänglich nur interessirte,
weil es seine Eigenliebe befriedigte, wie wir unwillkürlich dem
Gelde einen Werth beilegen, der eigentlich nur dem zukomme,
was wir durch das Geld erreichen können. Wer stets genöthigt
ist, mit Anderen zu arbeiten, um seine eigenen Zwecke zu
erreichen, wird nach und nach sein ursprüngliches Motiv vergessen und ein uneigennütziges Interesse für das Wohl Anderer
und das gemeinschaftliche Ziel empfinden. Die Kunst der Erziehung besteht eben darin, die Lust und den Schmerz des
Einzelnen an die rechten Gegenstände zu knüpfen, sein Interesse so fest mit ihnen zu vereinigen, dass er zuletzt in ihnen
ganz aufgehen kann. Nun lehrt aber die Entwickelungshypothese, dass die Erziehung und die individuelle Erfahrung
hierbei nicht Alles thun. Der sympathische Trieb ist nicht
bloss das Ergebniss der Ideenassociationen. Er wächst durch

---

1) *Herbert Spencer* schrieb im Jahre 1846 eine Abhandlung über
die Sympathie, in derselben Richtung wie *Adam Smith*'s „Theory of moral
sentiments", die er damals nicht kannte. 1850 erschien seine „Social
Statics", wo derselbe Gegenstand erörtert wird. Auch im Schluss seiner
Psychologie kommt er darauf zurück, aber seine „Principles of morality"
sollen erst den Abschluss seines grossen Werkes bilden. — (Späterer
Zusatz. Doch ist schon im Sommer 1879 der erste Abschnitt von
Spencer's Ethik, unter dem Titel „Data of Ethics", erschienen.)

die Geschlechter fort, indem die stets häufigere Gelegenheit sich zu äussern und der stets weitere Kreis, innerhalb dessen er sich bewegt, auch die Anlage der Individuen, sich von ihm beherrschen zu lassen, nothwendig verstärken müssen. Leise und unmerkbar findet nach dieser Hypothese eine Umwandlung der menschlichen Natur statt. Jede begeisterte Stimmung, jedes edle und menschenfreundliche Gefühl fügt ein Atom zu dem Gebäude der menschlichen Vollkommenheit. Nichts geht verloren, ebenso wenig in der geistigen, wie in der materiellen Welt.

Das ethische Gesetz, wie es in der Sympathiemoral begründet wird, würde die Entwickelung der vollendeten, umfassenden Menschenliebe zum Inhalt haben. Allein es lässt sich wieder die Frage nicht abweisen, worin das Ethische in der Sympathie eigentlich bestehe. Als unmittelbarer Trieb kann diese sich ebenso gut an das Werthlose, sogar an das Verderbliche, wie an das Gute und Rechte anschliessen. *Adam Smith* bemerkt selbst (was vielleicht nicht mehr in unserer Zeit passen würde), dass die grosse Masse eine uneigennützige Bewundrerin alles Ungewöhnlichen, besonders grosser Macht und grosser Reichthümer sei. Die Liebe ist ja im Ganzen blind. Um Andere glücklich zu machen, muss sie ein Vorbild, ein Ideal von Glück, von vollendetem menschlichen Leben haben, wozu sie Andere führen kann. Dies aber kann sie nur dann haben, wenn der Gedanke etwas mehr als der Stellvertreter der Sympathie ist, und wirklich als ordnendes und leitendes Princip auftreten kann. Die Liebe muss sich der Gerechtigkeit (die nach *Leibnitz* caritas sapientis, die Liebe des Weisen ist) als dem leitenden, ausgleichenden und Harmonie schaffenden Princip in der menschlichen Gesellschaft unterordnen.

Adam Smith hat einen interessanten Versuch gemacht, zu zeigen, wie der Einfluss der Sympathie zur Bildung eines ethischen Maassstabes führt. Indem wir unmittelbar Lust oder Schmerz bei den Handlungen Anderer empfinden, selbst wenn sie uns nichts angehen, kommen wir auch dazu, unsere Billigung oder Missbilligung über sie auszusprechen. Wir leiden mit dem Opfer einer grausamen oder treulosen Handlung und fühlen Antipathie gegen den Urheber einer solchen Handlung. Auf dieser Sympathie oder Antipathie beruht unsere Billigung und Missbilligung, die also instinctiv in uns entsteht, indem wir uns unwillkürlich an die Stelle der Anderen, des Handelnden und Leidenden, versetzen. Wir sind wie die Zuschauer, welche mit den im Drama auftretenden Personen fühlen. Unsere ersten moralischen Urtheile sprechen wir somit über Andere. Jedoch es kommt der Zeitpunkt, wo wir einsehen, dass wir selbst, eben so gut wie Andere, handelnde Personen in dem Drama des Lebens sind, weshalb wir annehmen müssen, dass Andere uns nicht weniger beurtheilen als wir sie. Und die Sympathie selbst, welche den Unterschied zwischen unserem und Anderer Gefühlszustand auszugleichen sucht, indem eine jede Disharmonie mit einem peinlichen Gefühl verbunden ist, wird uns nöthigen, unser Wesen und unsere Handlungen zu untersuchen, um zu sehen, mit welchen Augen von Anderen betrachtet zu werden, wir erwarten können. Wir versetzen uns also wieder an die Stelle Anderer, und zwar nicht mehr, um uns nur mit ihnen zu freuen, oder mit ihnen zu leiden, sondern um von ihrem Standpunkte aus uns selbst zu beschauen und zu schätzen. Ein jeder theilt sich also in zwei Personen, einen urtheilenden Zuschauer und ein handelndes Wesen, der natürliche Standpunkt wird verlassen; das Individuum sieht von sich selbst ab, und zwar um sich selbst zu erkennen. Es ist eine Thatsache, dass, wer in Anderer Gegenwart in leidenschaftliche Aufwallung geräth, diese unwillkürlich herabstimmt, wenn er fühlt, dass die Anderen, als unparteiische Zuschauer, sie nicht theilen. Hierauf nun beruht das erziehende Element im Zusammenleben mit Anderen. Ein jeder fühlt sich als Gegenstand einer steten und aufmerksamen Kritik und richtet unwillkürlich sein Handeln so ein, dass er vor ihrem Gericht bestehen kann. Das Kind, der Jüngling und der Mann lernen also, in den verschiedenen Lebensverhältnissen, von dem individuellen Standpunkt abzusehen. Zuletzt bedarf der Zuschauer und Richter in unserem Busen nicht durch die Gegenwart äusserer Zuschauer gestärkt zu werden, wir sind durch die grosse Schule der Selbstbeherrschung gegangen und tragen unsere Regel, unser Vorbild in uns selbst. Wir sehen nun auch von dem endlichen und erfahrungsmässigen Maasstab, der von den Ansichten und Gefühlen unserer Umgebung bestimmt ist, ab, und wenden unseren Blick auf ein Ideal der Vollkommenheit, das sich allmählich in unserer Vorstellung gebildet hat. Der äussere Zuschauer wird also zuerst zu einem inneren, und dieser hinwieder zu einem idealen Vorbild.

Wenn die Entwickelung diesen Punkt erreicht hat, tritt nach *Adam Smith* der ursprüngliche Ausgangspunkt ganz in den Schatten. Sowohl die sympathischen als die egoistischen Triebe weichen einem höheren Gefühl. „Wenn wir stets durch das, was uns selbst angeht, stärker afficirt werden, als durch das, was Andere betrifft, was ist es denn, wodurch bei jeder Gelegenheit der edle Mann und bisweilen sogar der niedrige Charakter bewogen wird, ihre eigenen Interessen den grösseren Interessen Anderer zu opfern? Es ist nicht die sanfte Gewalt der Menschenliebe, nicht der schwache Funke von Wohlwollen, welchen die Natur im menschlichen Herzen entzündet hat, was in dem Grad fähig ist, den stärksten Impulsen der Eigenliebe entgegenzuwirken. Es ist eine stärkere Macht, ein kräftigeres Motiv, was bei solchen Gelegenheiten thätig ist. Es ist die Vernunft, der Gedanke, das Gewissen, der innere Mensch, der in unserer Brust wohnt, der grosse Richter und Schätzer unseres ganzen Thuns. Er ist es, welcher, wann immer wir im Begriff sind, so zu handeln, dass wir Anderer Glück verhindern, uns mit einer Stimme, die unsere anmassendsten Leidenschaften übertönen kann, zuruft, dass wir nur der Vielen Einer sind, in keiner Hinsicht besser, als jeder Andere, und dass wir, so frech und blind uns selbst Anderen vorziehend, mit Recht Gegenstand des Hasses, des Abscheus und des Fluches werden. Von ihm lernen wir unsere wirkliche Unbedeutendheit und die Nichtigkeit alles auf uns Bezüglichen, und nur durch das Auge dieses unparteiischen Zuschauers sind die natürlichen Illusionen der Eigenliebe zu berichtigen. Er zeigt uns die Schönheit der Grossmuth und die Hässlichkeit der Ungerechtigkeit, wie richtig es ist, unsere eigenen höchsten Interessen den noch höheren Interessen Anderer zu opfern, und wie hässlich, zur Erlangung des höchsten Vortheils für uns selbst, Anderen das geringste Unrecht zuzufügen. Es ist nicht die Liebe zum Nächsten oder zum Menschengeschlecht, was uns bei solchen Gelegenheiten

zur Ausübung dieser göttlichen Tugenden anspornt. Es ist eine
stärkere Liebe, ein mächtigeres Gefühl, was sich im Allgemeinen bei solchen Gelegenheiten äussert: die Liebe zu allem Edlen
und Guten, zur Grösse, Würde und Erhabenheit unseres Charakters." [1])

Durch diese Darstellung hat *Adam Smith* anerkannt, dass
der sympathische Trieb an sich nur ein Element sei bei der
Bildung des ethischen Gesetzes, aber keine genügende Erklärung
desselben und namentlich keinen vollständigen Ausdruck für
das Gefühl, die Gesinnung, die das ethische Vorbild erweckt,
enthalte. Man wird zugleich leicht einsehen, dass Sympathie eine zu schwache und enge Bezeichnung sei für das
Verhältniss des Menschen zu den erziehenden Kräften in der
Geschichte seines Geschlechtes. Sympathie setzt ein Verhältniss zwischen Gleichgestellten voraus, die erziehende Macht
aber steht, wenigstens ursprünglich, als etwas Höheres da. In
so fern haben *Hobbes* und *Bentham* mehr Recht, wenn sie auf
die Furcht und Hoffnung, als diejenigen Gefühle, verweisen,
die der Autorität gegenüber hervortreten. Doch, diese Betrachtung wollen wir zurückhalten, bis wir zu der speciellen Untersuchung vom Begriff der Autorität kommen. Dagegen werden
wir durch *Smith*'s Lehre von dem „unpartheiischen Zuschauer"
aufgefordert, die Bedeutung der Erkenntniss, der Vernunft, in
ethischer Beziehung, zu untersuchen. Sie spielt, wie wir gesehen haben, eine grosse Rolle sowohl in der Utilitäts- als in
der Sympathiemoral, in beiden aber als untergeordnetes Princip.
Um die Bedeutung derselben besser zu erfassen, wenden wir
uns nun zu den Versuchen, die man gemacht hat, sie selbst
zum Grundgesetz der Ethik zu erheben.

3. Sowohl die Utilitäts- als die Sympathiemoral räumen
ein, dass die unmittelbaren Triebe keine ethischen zu nennen
seien, sondern dass erst dann von einem ethischen Handeln die
Rede sei, wenn das Bewusstsein eines Gesetzes und einer Regel
sich gebildet habe, das über die unmittelbaren Antriebe des
Augenblickes hinausweist. Ein solches Bewusstsein setzt Er-

---

[1]) Theory of moral sentiments. Vol. I. part. 3. chap. 3.

kenntniss, Vernunft, Nachdenken voraus. Es findet sich deshalb das Ethische nur in der Menschenwelt; der Entwickelungsgrad des Bewusstseinslebens, welchen es voraussetzt, findet sich noch nicht in der Thierwelt, und wurde sicherlich erst nach Verlauf längerer Zeit von den Menschen erreicht. Es dauerte lange, bis das Menschenleben anfing, von Gedanken geleitet zu werden, und noch sind wir nicht über den Anfang hinaus. — Wenn wir hier den Gedanken oder die Vernunft, als ethischen Ausgangspunkt, dem Selbsterhaltungstrieb und der Sympathie zur Seite stellen, betrachten wir ihn nicht länger als Diener, sondern als Herrn, und gehen von der Thatsache aus, dass die bewusste Erkenntniss unter gewissen Bedingungen das Handeln des Menschen bestimmen kann. Die Frage ist dann, ob dies eine erschöpfende Erklärung des Ethischen sei.

Allein ein Bedenken bringt uns gleich hier zum Stehen. Unserer allgemeinen psychologischen Erwägung gemäss kann die Erkenntniss an und für sich nicht den Willen in Bewegung setzen. Der Gedanke wird nur dadurch zum Motiv, dass er Gefühl und Trieb hervorruft. Daraus, dass ich etwas klar und deutlich eingesehen habe, folgt noch nicht, dass ich darnach handle; das thue ich erst, wenn die Einsicht ein lebendiges Gefühl und Begehren in mir erweckt hat. Es wird gewiss eine Neigung vorhanden sein, Harmonie zwischen den verschiedenen Elementen des Bewusstseinslebens zu erzeugen, aber diese Neigung kann an sich ebenso instinctmässig wie der Glückseligkeitstrieb und die Sympathie sein. Denken wir uns eine klare und allseitig entwickelte Vernunft, in Uebereinstimmung mit welcher der Wille unmittelbar wirkt, so wird doch eine solche Erscheinung nicht zu dem Ethischen zu rechnen sein. Dieses scheint wieder hier eine Kluft vorauszusetzen, weil es eine Aufgabe stellt, die gelöst werden soll, eine Kluft, welche durch die Vorstellung eines Gesetzes, dessen Giltigkeit der Mensch anerkennt, ausgefüllt werden muss. Es wird sich deshalb auch herausstellen, dass, wenn man die Vernunft als ethisches Princip aufstellt, man eigentlich nicht die Vernunft an und für sich, sondern die Vernunft als Ausdruck für das wahre Wesen des Menschen meine, so dass die Forderung darauf abzielt, dass dem Adel und der Würde der menschlichen Natur Genüge geschehe.

Das allgemeine Thema für diesen Standpunkt hat *Pascal* in einem berühmten Ausspruche angegeben: „Der Mensch ist ein Rohr, das schwächste in der Natur, aber er ist ein denkendes Rohr; das Weltall braucht sich nicht zu rüsten, um ihn zu vernichten; ein bischen Rauch, ein Tropfen Wasser genügt, ihn umzubringen. Allein selbst wenn das Weltall ihn vernichtet, ist er doch edler, als sein Mörder, weil er weiss, dass er stirbt, während das Weltall selbst die Macht nicht kennt, die es über ihn hat. Unsere ganze Würde besteht also im Gedanken. In den Gedanken müssen wir unseren Stolz setzen, nicht in die Zeit oder in den Raum, den wir nicht ausfüllen können. Lasset uns denn darauf hinarbeiten richtig zu denken; das ist das Princip der Moral." Was *Pascal* hier ausdrückt, ist die Begeisterung, in die Welt des Geistes zu gehören. Der Gedanke verleiht dem Menschen eine Würde, die unbewusste Wesen nicht haben.

Schon bei *Socrates* finden wir dies Princip. Er lehrte, dass die Tugend Wissen sei, weil nur die Handlung richtig ist, die aus wirklicher Einsicht entspringt. Alles kommt darauf an, sich selbst zu erkennen; denn nur wer seine eigenen Fähigkeiten, Kräfte und Triebe kennt, kann im Leben richtig auftreten. Die nähere Begründung, welche *Socrates* hiervon gibt, folgt der Richtung der Utilitätslehre, und *Stuart Mill* hat sich darum auf ihn für diese berufen können. Die Wichtigkeit der Selbsterkenntniss prägt nämlich *Socrates* durch Hinweisung auf die unglücklichen Folgen der Unwissenheit und der Verblendung ein. Aber selbst aus der am meisten prosaischen Darstellung der Lehre *Socrates* geht doch hervor, dass er eigentlich auf einen anderen Punkt das Gewicht gelegt hat. Er behauptete, dass „nichts stärker als die Einsicht sei", dass sie „etwas Schönes sei, fähig über den Menschen zu herrschen, stark genug, ihm durch das Leben zu helfen." Wer sich nicht von der Erkenntniss, sondern von blinden Gelüsten und Trieben leiten lässt, handelt knechtisch oder thierisch. Ein Knecht ist, wer des Schönen und Guten nicht theilhaftig ist. „Scheint es dir nicht schändlich," sagt er zu *Aristipp*, „dass ein Mensch sich wie das unvernünftigste Thier geberde, den die fleischliche Lust als Lockspeise blind in die Falle treibt?" In seiner Verthei-

digungsrede verweist er ebenfalls auf den Gedanken und dessen
Macht, als den Ausdruck für das wahre Wesen des Menschen,
dessen Pflege ihm angelegener sein müsse, als die Sorge um
körperliche und äussere Güter. „Mein Freund," so redet er
seinen Landsmann an, „du, der du ein Athener, Bürger einer
grossen Stadt, der durch ihre Bildung und Kraft berühmtesten
von allen, bist, schämst du dich nicht, nur auf das Sammeln
von Reichthümern und den Erwerb von Ehre bedacht zu sein,
während du dich um die Wahrheit und Weisheit, um deine
Seele und ihre Erziehung nicht kümmerst?"

Bereits hier, bei dem Begründer der Ethik selbst, finden
wir also, dass, wenn die Vernunft als ethisches Princip aufgestellt wird, damit eigentlich die Freiheit und Harmonie im
Wesen des Menschen gemeint wird, die nur möglich ist, wenn
sein Handeln in Uebereinstimmung mit seiner höchsten Erkenntniss ist. Der Mensch wird dann nicht von widerstreitenden
Gelüsten und Trieben nach verschiedenen Seiten gezogen; er
wird auch nicht blind von den Eindrücken aus seiner Umgebung geleitet; Einheit, Zusammenhang und Selbstständig-
keit finden Eingang in sein Wesen. Er wird eine kleine Welt
für sich, unabhängig von der äusseren Welt, eine harmonische
Fülle in sich schliessend.

Was *Socrates* in aller Einfachheit angedeutet hatte, blieb
der Grundgedanke der griechischen Ethik. *Platon, Aristoteles*
und die *Stoïker* fassten, jeder in seiner Weise, das ethische
Handeln des Menschen als darin bestehend auf, dass er nach
dem obersten Gesetz seines Wesens handle, so dass die vernünftige Einsicht herrsche. Sie finden die Freiheit in der Uebereinstimmung mit der rechten Einsicht, und in dieser Freiheit
die wahre Menschlichkeit. Gerade diese unmittelbare Ueberzeugung von der Herrschaft des Gedankens, welche *Socrates*
mit Unwillen die Annahme verwerfen liess, dass „etwas stärker,
als die Einsicht sein könne," machte die Einseitigkeit der
griechischen Ethik aus. Sie übersah das vielfältig Bedingte
und Beschränkte in dem geistigen Leben des Menschen und
alle die Gegensätze und Widersprüche, Kämpfe und Nieder-
lagen, die hieraus folgten. Ihr verschmolz der Wille theils mit
der Erkenntniss, theils mit dem unmittelbaren Triebe.

In neuerer Zeit zog *Kant* die Idee der inneren Freiheit hervor, indem er auf das Gesetz der Vernunft, als das den Menschen unmittelbar verpflichtende verwies. Er war sich klar bewusst, dass das Gesetz, welches das Ethische voraussetzt, kein in der Natur unmittelbar gegebenes sein könne, sondern eine andere Quelle haben müsse als die, welcher die unwillkürlichen Handlungen des Menschen entspringen. Das ethische Gesetz ist nach *Kant* weder psychologisch, noch physisch, noch theologisch zu begründen. Es weist über alles Gegebene, über alle Erfahrung und Wirklichkeit hinaus, indem es vorschreibt, was geschehen soll. Nur in der Vernunft haben wir eine solche über jegliche Erfahrung hinaus gehende Macht. Das unbedingte und nicht zu begründende Gebot der Vernunft steht vor dem Bewusstsein als eine Thatsache, als eine unmittelbare Forderung, unter welche der Mensch sich beugen muss. Es würde den Charakter eines unbedingten Gebotes (eines kategorischen Imperativs) verlieren, wenn es anders als durch die unmittelbare Forderung der Vernunft gestützt würde.

Der Fortschritt von *Socrates* zu *Kant* ist leicht einzusehen. *Socrates* konnte den Werth der Einsicht nur durch Verweisung auf ihren äusseren Nutzen begründen; diese Begründung steht bei ihm der Berufung auf die Würde des Menschen als eines freien Vernunftwesens zur Seite. Ausserdem ist der Gedanke an einen Gegensatz, eine doppelte Seite im menschlichen Wesen, *Socrates* fremd. Mit der rechten Einsicht ist Alles gegeben; der Gedanke erscheint nicht als Gesetz, denn es wird eine unmittelbare Harmonie zwischen ihm und den übrigen seelischen Elementen vorausgesetzt. *Kant* dagegen erhebt die Vernunft als ethisches Princip über alles unmittelbar Gegebene und lehnt jegliche erfahrungsmässige Begründung ab. Und er bestimmt die Vernunft als eine gesetzgebende, wobei ein Abstand zwischen den leitenden und gehorchenden Elementen im Wesen des Menschen vorausgesetzt wird.

Man würde nicht ganz Unrecht haben, den Gegensatz zwischen *Socrates* und *Kant* von der grossen religiösen Bewegung, die zwischen diesen beiden grössten Gestalten in der Geschichte der humanen Ethik liegt, abzuleiten. Das Christenthum stellte ein, einer übernatürlichen Welt entnommenes, über

Alles, was der menschliche Gedanke durch eigene Kraft erreichen
könne, erhabenes Ideal hin. Kommt es uns nicht vor, als
hörten wir einen Wiederhall hiervon, wenn nach *Kant's* Lehre
das Vernunftsgesetz jegliche der Wirklichkeit entnommene Begründung von sich weist? Das Christenthum erklärte die menschliche Natur für sündig und verdorben. Werden wir nicht daran
erinnert durch *Kant's* Voraussetzung einer Kluft zwischen den
Geboten der Vernunft und den wirklichen Handlungen des
Menschen?

Doch es wird eine vollständige Erklärung hiermit nicht
gegeben sein. So durchgreifend jene religiöse Bewegung auch
auf das europäische Geistesleben gewirkt haben mag, so darf
man doch nicht übersehen, dass sie selbst nur eine der Formen
für den allgemeinen Gegensatz zwischen dem Alterthum und
der Neuzeit ist. Für den Griechen war das Leben etwas unmittelbar Gegebenes und Abgeschlossenes. Die Geschichte
erzählte ihm nicht deutlich und eindringlich genug von den
Conflicten auf den verschiedenen Stufen menschlicher Entwicklung; er hatte nicht die Auffassung vom Leben als einem
Kampfe um Dasein und Fortschritt, welche die Neuzeit durch
ihre Erfahrungen, ihr Handeln und Forschen errungen hat.
Wenn das Leben, statt als ein Kunstwerk in einem beschränkten
Rahmen zu stehen, sich als Bewegung und Entwicklung erweist,
muss die Vorstellung mit einer ganz anderen Energie sich dem-
jenigen zuwenden, was noch nicht ist, aber sein wird. Der
Gedanke einer Aufgabe wird nun ganz anders lebendig. Der
Gedanke eilt vorwärts, greift in idealer Weise der neuen
Lebensstufe vor und spricht sein Urtheil über die frühere. Die
ideale Anschauung, welche sich so bildet, hat nicht ihre Erklärung in dem unmittelbar Gegebenen und Vorhandenen. Wir
werden hier auf die ursprüngliche Energie des Bewusstseinslebens verwiesen, durch welche dieses selbst in den einfachen
Empfindungen nicht ganz passiv ist, und durch welche namentlich alle weitergehende und freiere Bearbeitung der Erfahrungen möglich wird. Es ist diese Energie, welche
die Bildung vollständiger und abgeschlossener Bilder, Ideale
aus den immer unvollständigen Elementen in der wirklichen
Welt ermöglicht. Hier ist die Quelle aller Poesie und Kunst,

aller höheren Ideen. Will man diese Fähigkeit des Menschen, ideale Vorstellungen zu bilden, Vernunft nennen, so ist es vollständig richtig, dass das ethische Gesetz nur durch die Vernunft, als das über das Gegebene Hinausgehende, möglich ist, und dass dies Gesetz immer über dem wirklichen Handeln als ein Vorbild, dem es sich zu nähern strebt, dasteht.

Allein, wenn wir Vernunft und Vernunftgesetz in diesem Sinne auffassen, so können wir nicht wie *Kant* bei den Geboten der Vernunft als blosser Thatsache stehen bleiben; wir müssen untersuchen, wie die Vorstellung eines solchen Gesetzes sich psychologisch und geschichtlich entwickelt hat. Dieser Aufgabe können wir uns nicht entziehen, ohne die einfachsten Regeln des wissenschaftlichen Forschens zu verletzen. Die „Thatsachen" auf dem geistigen und ethischen Gebiete müssen der Prüfung und Begründung eben so gut unterworfen sein, als andere Thatsachen. Wir müssen hier den kritischen *Kant* gegen den dogmatischen uns zur Hilfe rufen; und er kommt uns hier selbst entgegen durch seine Darlegung, wie das Vernunftgesetz das Handeln des Menschen bestimmt. Nur durch das Gefühl kann, wie wir wissen, die Vernunft den Willen erwecken. Das Vernunftgesetz steht durch seine unbedingte Autorität als eine über das Individuum erhabene Macht da. Die sinnlichen Triebe werden zurückgedrängt, das unmittelbare Lebensgefühl und das Selbstvertrauen werden gehemmt und durch den Gedanken an dieses unbedingte Gesetz gedemüthigt. Der Mensch fühlt dem Gesetz gleich wie dem hellen Sternenhimmel gegenüber in seinem Innern die eigene Nichtigkeit, indem er gleichzeitig mit Bewunderung und Ehrfurcht erfüllt wird; denn das ethische Gesetz wirkt nur abstossend auf den sinnlichen und egoistischen Trieb, um eine desto grössere Anziehung auf das eigentliche Ich des Menschen zu üben, welches sich mit dem Gesetz als Eins fühlt. In diesem finden wir also einen Ausdruck unseres wahren Willens. Allein was man auch unter der Vernunft verstehe — ein Gefühl, wie die Bewunderung und die Ehrfurcht, muss ja doch seine Naturgeschichte haben, und wir haben das Ethische nicht erfasst, so lange wir diese nicht erforscht haben.

Da *Kant* das ethische Vernunftgesetz als über jegliche

Erfahrung, alles Gegebene und Vorhandene erhaben betrachtet, kann er demselben keinen bestimmten Inhalt geben. Aber in dem Begriffe eines Gesetzes selbst liegt, dass es gemeingiltig ist, sich nicht nach dem Individuum richtet und fügt, sondern ihm und allen Anderen gemeinsam ist. Der allgemeine Inhalt des ethischen Gesetzes ist also: Jeder muss so handeln, dass der Grundsatz, den er in seinem Handeln befolgt, als allgemeine Regel für Alle dienen kann. Der Mensch muss jede seiner Handlungen als Glied in einem höheren, durch sein Streben zu verwirklichenden Naturzusammenhang betrachten. — Dies Princip betrachtet *Kant* selbst als ein rein formelles, von der Erfahrung unabhängiges, und seine Kritiker geben ihm in der Regel hierin Recht, nur dass sie es als einen Fehler, er als eine Tugend ansehen. Aber woher, darf man fragen, empfängt die reine Vernunft die Vorstellung einer allgemeinen Gesetzgebung, wenn nicht durch die Erfahrung? Im wirklichen Leben sehen wir den einzelnen Menschen als Glied der Gesellschaft, des Geschlechtes; wir sehen bestimmte factische Gesetze für das menschliche Zusammenleben gelten, und wir bilden so durch Abstraction und Idealisation die Vorstellung einer vollkommenen Gesellschaft, worin jeder Einzelne sich mit voller Berücksichtigung der Anderen einreiht, so dass ein und dasselbe Gesetz für Alle gilt. In dem ethischen von *Kant* aufgestellten Princip können wir darum nichts rein Apriorisches, sondern eine geschichtliche, auf ideale Einfachheit zurückgeführte Idee erblicken. Es liegt in der Natur unserer Erkenntniss, mit idealen Begriffen zu operiren, aber diese finden in der Ethik eine andere Anwendung, als in der Naturwissenschaft. Im Gebiete der Natur betrachten wir die idealen Begriffe als Annäherungen an den wirklichen Zusammenhang, im Gebiete des Ethischen dagegen das Wirkliche als Annäherung an das gebildete Ideal. Stets liegt die Erfahrung zu Grunde; nur aus ihr können die Elemente idealer Constructionen geschöpft werden.

Wenn wir die Sache in diesem Lichte ansehen, so haben wir zugleich Anknüpfungspunkte für die Ideen der Nützlichkeitslehre und der Sympathielehre. Die Cultur, als auf einem System der Interessen, die sich gegenseitig stützen, beruhend, erhält ihren Platz in der Vorstellung von der idealen Gesellschaft, als die reale Grundlage derselben. Wenn diese nicht ihren festen Grund in den primitiven Erfordernissen des Lebens hat, schwebt sie in der Luft. Gegen jede ascetische Auffassung aber ist es zugleich von Gewicht, das Recht des Individuums auf Selbstbefriedigung zu wahren. Was der Utilitarianismus übersieht, ist, dass dies Recht vom ethischen Gesichtspunkte aus lediglich seinen Grund in der Würde des Individuums, als Bürgers im Reiche der Persönlichkeiten, hat, wie ja auch jedes juristische Recht auf die Gesellschaft und deren Gesetz als Grundlage verweist. Die Sympathielehre hat ein tieferes Verständniss für das innere Verhältniss des Individuums zum Geschlechte; und sie hebt mit Recht das Wohlwollen und die Menschenliebe als das lebendige Band hervor, das die Gesellschaft erhält und dieselbe zu etwas mehr als einer mechanisch zusammengefügten Masse von Atomen macht; da aber unsere Anerkennung des Gesetzes ein Hauptelement des ethischen Handelns ist, können wir es nicht bei den instinctartigen Gefühlen bewenden lassen. Sowohl die Sympathie, als das individuelle Interesse müssen dem höchsten Verständniss untergeordnet werden, welches wir von Grundgesetz, Zweck und Aufgaben des Menschenlebens erlangen können. Die Verwirklichung des Reiches der Humanität muss Zweck und Grundgesetz unseres Handelns sein.

Hier hat es sich nun wieder gezeigt, dass wir das Ethische nicht verstehen können, so lange wir uns auf die Betrachtung des einzelnen Individuums beschränken. Wir werden auch hier auf den grossen Zusammenhang verwiesen, worin der Einzelne entsteht und sich entwickelt, und dem er verdankt, was er ist und hat. Mögen wir von der Vernunft, der Sympathie oder dem Glückseligkeitstrieb ausgehen, so werden wir nothwendig über das Gebiet der Individualität hinausgeführt. Aus dem Mutterschoss der Gesellschaft entspringen die einzelnen Individualitäten, und andrerseits erreichen sie nur als Vertreter und Mitarbeiter an der idealen Gesellschaft ihre höchste Entwickelung. Wir müssen deshalb eine neue Untersuchung unseres Gegenstandes anfangen, und zwar so, dass wir nicht mehr von dem einzelnen Individuum, sondern von der höheren Macht ausgehen, die von Anfang an alle Individuen umfasst.

III. Die Autorität.

Je verwickelter und zusammengesetzter ein Gegenstand ist, desto nothwendiger ist es, die beschreibende Methode anzuwenden. So lange wir uns noch auf das einzelne Individuum und die allgemeinen, sein Handeln bestimmenden psychologischen Gesetze beschränkten, waren die Verhältnisse leicht zu überschauen und zu analysiren. Wie unentbehrlich aber die individuellen Ausgangspunkte auch sind, so hat es sich doch ergeben, dass bei der Analyse wesentliche Elemente sich zeigten, welche nur dann ihre Erklärung finden, wenn wir einen socialen Ausgangspunkt annehmen. Das einzelne Individuum konnten wir in der Hauptsache als einen festen Typus betrachten; die Gesellschaft und überhaupt die Mächte, unter deren Schutz das Individuum entsteht und sich entwickelt, gehört dagegen zu einer reichen und mannigfaltigen Welt der Geschichte, wo Alles der Bewegung und Entwickelung unterworfen ist. Die Ethik weist hier auf die Geschichte zurück. Es ist nicht die geringste Ursache der Unvollkommenheit der Ethik gewesen, dass man die grosse Bedeutung der Geschichte als Grundlage der Ethik nicht beachtet hat. Namentlich konnte das achtzehnte Jahrhundert, dessen Söhne die grössten Ethiker der Neuzeit (*Ad. Smith*, *Bentham* und *Kant*) waren, vermöge seiner ganzen abstracten und individualistischen Richtung, diese Bedeutung nicht gehörig würdigen. Erst der aufgeklärte geschichtliche Sinn unseres Jahrhunderts hat zur Ueberzeugung vom Gewicht der geschichtlichen Grundlage für die Ethik geführt.

Schleiermacher und *Hegel, Comte* und *Spencer* erweisen sich jeder in seiner Weise als von dieser Ueberzeugung durchdrungen.

Es wurde im Vorhergehenden nachgewiesen, dass man die Natur des ethischen Handelns nur durch Hinweisung auf die Vorstellung eines Gesetzes bestimmen kann; den Begriff des Gesetzes aber schöpfen wir ursprünglich aus der menschlichen Gesellschaft; es geht auf dem ethischen, wie auf dem geistigen Gebiete überhaupt: wir gebrauchen Ausdrücke und Vorstellungen, die der äusseren Welt entnommen sind, um uns das Wesen und den Zusammenhang der inneren Welt klar zu machen. Auch Verpflichtung ist eigentlich ein juristischer Ausdruck. Sowohl Gesetz als Verpflichtung setzen eine Autorität voraus, die nicht nur befiehlt, sondern auch die Durchführung des Befehls überwacht. Ohne Macht kein Gesetz und keine Verpflichtung. Aber die Macht allein würde nur Furcht hervorrufen. Sie ist nur der letzte Ausweg (die ultima ratio) zur Wahrung des Gesetzes. Die Autorität, worauf das Gesetz beruht, appellirt an andere Elemente im Wesen des Menschen, als die Furcht. Das Abschreckende spielt seine grösste Rolle auf den niedrigsten Entwickelungsstufen, wo das Gesetz wesentlich ein Schutz gegen Gefahr und Verderben ist. Nach der alten Mythe war das erste Gesetz, das an den Menschen erging, das Verbot von der Frucht eines gewissen Baumes zu speisen, da sie den Tod bringen würde. Das Kind lernt das Gesetz zum ersten Mal kennen, wenn es zur Reinlichkeit erzogen werden soll, und hierbei spielt das Abwehrende und Abschreckende die grösste Rolle. Eine positivere Bedeutung bekommt das Gesetz, wenn die Autorität nicht nur als eine drohende Macht dasteht, sondern durch seine ganze Ueberlegenheit dem Menschen ein leitendes Vorbild wird. Wenn der Mensch an der Autorität, welcher er unterworfen ist, Fähigkeiten und Kräfte erkennt, die diejenigen bei weitem übertrifft, welche er in sich selbst fühlt, so sympathisirt er mit derselben, und der Nachahmungstrieb erwacht. Schon bei Thieren wird der Rascheste und Kräftigste Führer der Heerde. Sobald die Intelligenz einigermassen entwickelt ist, wird die Bewunderung alles Grossen, Neuen und Auffälligen erweckt; und mit ihr verbindet sich hinwieder Ehrfurcht und Achtung, je mehr der Mensch bei immer reicherer Erfahrung seine Kleinheit und Ohnmacht fühlt, je mehr also sein Selbstgefühl durch Betrachtung der Ueberlegenheit des Vorbildes herabgestimmt wird. Die Wohlthaten, welche er von der höheren Macht empfängt, erzeugen Dankbarkeit, und zuletzt knüpft er aus freiem Vertrauen und Hingebung sein ganzes Wohl und Wehe an sie. Der blossen Macht gegenüber wird der Mensch immer an Widerstand denken können, bis er von der Furcht ganz überwältigt und gelähmt wird; wenn aber das Gefühl der Abhängigkeit durch seine Verbindung mit den Gefühlen der Bewunderung, der Ehrfurcht und Dankbarkeit geläutert wird und sich dadurch zur Anerkennung und Hingabe entwickelt, so haben wir das Wesen der Verpflichtung im ethischen Sinne. Der Schwerpunkt beginnt von Aussen nach Innen zu rücken.

Dies Verhältniss zu einer verpflichtenden Autorität lässt sich den ganzen Entwickelungsgang der Menschheit hindurch spüren. Einen absoluten Naturzustand ohne Autorität giebt es nicht. Schon *Hobbes* muss ja zugeben, dass Niemand im Naturzustande geboren werde. Ganz ohne Autorität würden nur solche Wesen sein, die wie in den Mythen der Alten aus der Erde herauswüchsen, oder nach dem Ausdruck *Homer*'s die Erzeugnisse eines Steines oder Baumes wären, und nur solche Wesen könnten vollständige Individualisten sein. Die Familienautorität ist demnach die primitivste. Auf den niedrigsten Stufen, auf welchen man Menschen findet (nach verschiedenen neueren Reisenden, wie auch nach *Herodot*'s Erzählung von einigen wilden Nationen) existirt allerdings die Familie nicht als abgeschlossene Gruppe, und die Mutter nimmt sich nur des Kindes an, so lange dieses ganz hilflos ist; aber bereits durch den Schutz und die Wohlthaten, welche hier dem Kinde zu Theil werden, und ohne welche es nicht würde leben können, wird der Grund zu einem Pietätsverhältniss gelegt, das der Keim fernerer Entwickelung werden kann. Wenn das umherstreifende Leben durch festere und regelmässigere Verhältnisse abgelöst wird, so muss auch das Familienleben eine grössere Rolle spielen. Die Autorität des Vaters löst nun die der Mutter ab. Auf dieser Stufe gründet sich die Ehe auf

Macht, nicht auf Liebe; Frau, Kinder und Sklaven müssen
sich in demselben Grade vor dem Willen des Familienhauptes
beugen[1]). Der Schutz, dessen sich die Schwachen erfreuen,
und das beständige Zusammenleben, zum Theil auch Zusam-
menarbeiten, ruft auch andere Gefühle als die Furcht hervor,
aber dies Gefühl liegt doch stets zu Grunde. Die unbedingte
Autorität des Familienhauptes innerhalb seines Kreises behauptet
sich noch, nachdem die Familie Theil einer umfassenderen Gesellschaft geworden ist. In dem alten Rom erlitt die Macht des
Familienvaters und des Ehemannes keine Beschränkungen, er
war Niemand auf der Erde Rechenschaft schuldig. Welchen
durchgreifenden Einfluss das Verhältniss zu dieser Autorität auf
die Denkart und das Handeln der aufwachsenden Geschlechter
ausübte, ist leicht einzusehen; und wie verändert diese Verhältnisse in der modernen Gesellschaft auch sind, so finden
doch immer noch die meisten Menschen in der Familie die
ersten Gegenstände der Furcht und Liebe, der Bewunderung
und Dankbarkeit, der Achtung und Ehrfurcht. Unter dem Einfluss dieser lebendigen Kräfte wird der Vorstellungskreis gebildet und entstehen die ersten Regeln für das Handeln, die
ersten moralischen Gesetze. Hier wird der Grund zu der praktischen Weltanschauung des Einzelnen gelegt, und die Giltigkeit
dieser Weltanschauung fühlt er als Eins mit der Autorität, der
sie entstammt. Kränkung und Widerspruch wird so stark
empfunden, weil es das innerlichste und tiefste Gefühl des
Individuums gilt.

Das Band des Bluts ist das erste, was die Menschen vereinigt und dadurch eine Autorität schafft. Lange Zeiten hindurch war es das einzige oder jedenfalls das mächtigste, aber
die Familie weist über sich selbst hinaus, indem ein Familienhaupt dem anderen selbständig gegenüber steht. Durch Ver-
schmelzung der einzelnen Familien und Geschlechter entsteht
eine bürgerliche Gesellschaft. Eine absolute Grenze zwischen
diesen beiden Arten der Gesellschaft zu ziehen, würde sehr
misslich sein, da ja früher das Familienhaupt viel von der Ge-

---

1) *Lubbock:* Origin of Civilisation.

walt hatte, die später das Staatsoberhaupt erhielt. In dem römischen Staat kann man den ursprünglichen Zusammenschluss der einzelnen Geschlechter spüren. — „Der römische Staat," sagt *Mommsen*, „beruht auf dem römischen Hause, sowohl den Elementen als der Form nach. Die Volksgemeinde entstand aus der wie immer erfolgten Zusammenfügung der alten Geschlechtsgenossenschaften; das römische Gebiet aus den vereinigten Marken dieser Geschlechter; römischer Bürger war, wer einem jener Geschlechter angehörte." [1]) Das Band des Blutes liegt hier deutlich zu Grunde. Eine solche primitive Gesellschaft kann nur durch Adoption wachsen; sogar das Freundschaftsverhältniss erhält bei vielen wilden und barbarischen Völkern erst dann seine Bedeutung, wenn die Freunde ihr Blut gemischt und somit, wenigstens symbolisch, ein natürliches Band hergestellt haben [2]). Wer nicht durch dies Band an den Stamm geknüpft war, war Feind oder Sklave. So lange die Häupter der einzelnen Geschlechter gleichgestellt sind, wird es kein bestimmtes Oberhaupt der ganzen Schaar geben. Wie überhaupt dies Zusammenhalten noch so schwach ist, dass die Schaar auseinandergeht und jeder für sich sorgt, wenn die Noth herantritt, so hat man auch einen Führer nur so lange, als man seiner bedarf. Doch werden die Alten und Klugen, die Starken und Muthigen in grösserem Ansehen als die anderen stehen. Und je mehr der Kampf gegen andere Stämme ein Zusammenhalten nothwendig macht, desto mehr wird auch die Autorität befestigt. Es scheint deshalb der Krieg, wie namentlich *Bagehot* hervorgehoben hat, das verbindende Mittel innerhalb des Stammes zu sein. Die Führer im Kampf wurden als die Beschützer Aller betrachtet. Bei sehr einfachen Culturverhältnissen kann kein grosser äusserer Abstand zwischen den Befehlenden und den Folgenden entstehen; von einer eigentlich politischen Autorität kann deshalb erst dann die Rede sein, wenn die Ungleichheit der Eigenthumsvertheilung die Herrschenden von den Gehorchenden entfernt, und wenn zugleich die Gesellschaft hin-

---

1) Römische Geschichte. I. p. 59.
2) Vergl. *Maine:* Early history of institutions. S. 228.

länglich gross wird, so dass der Herrscher den Blicken der Einzelnen entzogen wird. Der Herrscher wird nun Gegenstand der Ehrfurcht, der Neid ist eben durch den grossen Abstand ausgeschlossen, sein Wille ein unwillkürliches Gesetz[1]). Obgleich Gewohnheit und Instinct, Herkommen und Sitte eine Art Grundgesetz bilden, das selbst der Despot nicht brechen kann oder will, so ist es doch ein Zeichen des Fortschritts, wenn ein bestimmter, bewusster Wille sich geltend macht; nur dadurch wird das Gesetz im Sinne einer allgemeinen, unpartheiischen und unbeugsamen Regel möglich[2]). Und dies ist nicht nur ein Fortschritt in rein culturgeschichtlicher, sondern auch in ethischer Beziehung, in so fern die blinde Gewohnheit durch bewusste Unterwerfung abgelöst wird.

Die Gewalt, die beschützende und gebietende Gewalt, ist die erste Grundlage der politischen Autorität, wie derjenigen innerhalb der Familie. Auf diese Grundlage gestützt können die höheren und freieren Formen der Gesellschaft sich entwickeln. Man denkt sich oft das Leben der Wilden als ein freies und ungebundenes; es steht aber unter einem starken Autoritätsdrucke. „Sie werden," sagt *Lubbock*, „durch Regeln und Gewohnheiten regiert, die eine der grausamsten Gewaltherrschaften bilden, welche je auf der Erde existirt haben. Der Wille, das Eigenthum, das Leben der Schwächeren sind der Gewalt der Stärkeren unterworfen. Tendenz des ganzen Systems ist, den Starken und Alten Alles zu geben, zum Nachtheil der Jungen und Schwachen, aber besonders der Weiber"[3]). Wenn aber dieser starke Druck beseitigt wird, tritt häufig die vollständige Anarchie, die wildeste Zügellosigkeit ein, wie bei einigen Negerstämmen, wo Alles beim Tode des Häuptlings sich in Auflösung befindet. Es ist eine strenge Schule, welche die Menschheit durchzumachen hatte, sie war aber auch nothwendig. Und selbst die despotischste Staatsautorität dürfte

---

1) Vergl. *Adam Ferguson:* An essay on the history of the civil society. Part. II. Sect. 3, und *Herodot's* Erzählung von *Dejoces* (Herod. I. 96).

2) *Maine*: Early history S. 392.

3) Origin of civilisation S. 434.

doch andere Gefühle, als die der Furcht erwecken; sie erscheint ja nicht nur als Gebieterin, sondern auch als Beschützerin, schenkt eine Wehr, unter deren Schutz das Leben seinen Gang gehen kann. Die Vorrechte, welche der Herrscher sich anmasste, waren in der That durch Dienstleistungen erkauft. Ein schlagendes Beispiel hiervon liefern die Institutionen des Mittelalters, die Grundlage des „ancien régime". Der König, der Adel und die Geistlichkeit haben in rohen und wilden Zeiten durch ihre physische und geistige Autorität menschliches Leben und menschliche Entwickelung möglich gemacht [1]). In dem Zutrauen und in der Dankbarkeit, welche die schützende Macht erweckt, liegt der Keim zum ethischen Charakter der Autorität, welcher ursprünglich zurückgedrängt wird, so lange die Furcht und die instinctartige Gewohnheit herrschen.

Wir haben einige Grundzüge der ältesten Geschichte der Autorität hervorgehoben, wie sie uns besonders durch das vergleichende Studium der primitiven Formen der Gesellschaft zugänglich ist. Hier sind die Verhältnisse am einfachsten und am übersichtlichsten; auf späteren Entwickelungsstufen sind so viele verschiedene Elemente thätig, dass es sehr schwierig ist, jedes für sich zu betrachten. Wie das Studium des embryonischen Zustandes dem Physiologen werthvolle Beiträge zum Verständniss des vollendeten Organismus und seiner Lebensbedingungen liefert, so ist das Studium jener einfachen und primitiven Lebensformen auch für den Psychologen, den Ethiker und Sociologen von Gewicht [2]). Sie sind gleich Expe-

---

1) Vergl. *H. Taine:* L'ancien régime Livre I. Chap. I.: Origines des privilèges.

2) Wir haben in unserer eigenen Literatur ein Werk über diesen Gegenstand, vom Anfang dieses Jahrhunderts, von *C. Bastholm* (Historiske Efterretninger til Kundskab om Mennesket i dets vilde og raa Tilstand. 4 Bind. Kjöbenhavn 1803—4. Auf Deutsch unter dem Titel: „Historische Nachrichten zur Kenntniss des Menschen in seinem wilden und rohen Zustande" übersetzt.) Unter dem Titel: „Descriptive Sociology" hat *Herbert Spencer* mit mehreren Mitarbeitern angefangen, tabellarische Uebersichten über die culturgeschichtlichen Verhältnisse der verschiedenen Völkerschaften herauszugeben.

rimenten, welche die Natur und die Geschichte für uns auf einem Gebiete gemacht haben, wo wir nicht experimentiren können. Und doch haben wir im Vorhergehenden die Verhältnisse noch einfacher dargestellt, als sie in Wirklichkeit sind; denn sobald der Mensch sich zu den wirklichen Anfängen eines geselligen Lebens erhoben hat, fühlt er, dass er nicht nur zu den in der Familie, im Stamm und im Staat herrschenden Autoritäten in Beziehung steht, sondern zu einer noch höheren Autorität, die über die Grenzen jener Vereinigungen hinausgeht, und an welcher zuletzt jene Autoritäten selbst ihre Stütze suchen; wir meinen die religiöse Autorität. Erst durch diese letzte Stütze kann die Autorität eine absolute werden. Wie einer der consequentesten Vertheidiger dieses Princips, *Bonald*, gesagt hat: „Die Religion, welche das allgemeine Band in jeder Gemeinschaft ist, schlingt vorzugsweise den Knoten der politischen Gesellschaft; das Wort Religion selbst (religare) weist zur Genüge darauf hin, dass sie das natürliche und nothwendige Band der menschlichen Gemeinschaften, Familien und Staaten ist. — Die Religion bringt Ordnung in die Gesellschaft, weil sie die Menschen darüber belehrt, woher die Macht und die Pflichten kommen. — Alle Macht ist nach dem Ebenbilde Gottes erschaffen und stammt von Gott [1]."

Wenn man als das Wesentliche in der Religion das Gefühl der Abhängigkeit von einer höheren Ordnung der Dinge betrachtet, so muss man in der That denen Recht geben, welche behaupten, dass es Völkerschaften ohne Religion giebt. Ein solches Gefühl setzt immer eine gewisse geistige Entwickelung voraus, die sich nicht bei Menschen finden kann, welche unfähig sind, allgemeine Vorstellungen zu bilden, oder die noch nicht darüber nachgedacht haben, ob die Sonne, die Morgens aufgeht, dieselbe sei, welche des Abends untergeht [2]. Wenn man aber unter Religion nur Glauben an Geisterwesen versteht [3], so kann

---

1) *G. Brandes:* Reaktionen i Frankrig. S. 110; 118.

2) *Lubbock:* Origin of Civilisation. p. 10; 475 (Viele wilde Völkerschaften haben Namen für jede einzelne Farbe, jede einzelne Art Baum, keinen aber, um Farbe oder Baum im Allgemeinen zu bezeichnen).

3) *Taylor:* Primitive culture. I. p. 382.

man nicht leugnen, dass sie bei dem rohesten Fetischverehrer vorhanden sei, der nicht einmal Furcht vor seinem Fetisch hegt, sondern ihn nur als Mittel und Werkzeug betrachtet.

Eine Spur von einem moralischen Verhältniss zeigt sich bereits innerhalb des Fetischmus, indem der Neger den Fetisch zudeckt (wie der russische Bauer seinen Heiligen), wenn er etwas thun will, dessen er sich schämt. Selbst wo grössere und mächtigere Wesen verehrt werden, ist die Furcht lange das herrschende Gefühl: man verehrt nur die bösen Wesen; die guten Wesen, meint man, bedürfen keiner Aufmerksamkeit, da es ihre Natur sei, gut zu sein. Dieser Dualismus zwischen guten und bösen Wesen ist deshalb auch nicht ethischer Natur, sondern entspringt dem Nutzen oder Schaden, welchen der Mensch empfunden hat. Die Sonne ist in kalten Ländern ein gutes Wesen, in warmen Ländern ein böses Wesen. Es sind gar nicht freundliche Gefühle, welche die Menschen auf dieser Stufe gegen die Götter hegen, welche sie verehren.

Erst in dem eigentlichen Götzendienst, wo der Anthropomorphismus durchgedrungen ist, wird die Religion eine wirkliche Unterwerfung. Die ethischen Vorstellungen werden von der politischen Gesellschaft, wo ihre erste Entwickelung stattgefunden hat, auf die Götterwelt übertragen. Die Menschheit scheint in der Politik den monarchischen Standpunkt erreicht zu haben, ehe sie in der Religion den Standpunkt der Abgötterei erreichte. Die Gottheiten werden nun allmählich von blossen Naturkräften zu ethischen Mächten, ein Uebergang, der sich namentlich in der griechischen Mythologie verfolgen lässt. Und wie der Götterglaube sich verändert, so verändert sich auch der Glaube an die Unsterblichkeit. Die Menschen glauben jetzt nicht mehr an eine an und für sich gleichgiltige Fortsetzung der Existenz, sondern an eine Wiedervergeltung nach dem Tode. Der Maasstab für diese Wiedervergeltung ist gegeben in dem, was das Volk als Tugenden anpreist oder als Laster verdammt [1]).

---

1) Vergl. *Taylor*'s und *Lubbock*'s obenerwähnte Werke und *Preller*'s „Griechische Mythologie“.

Es bezeichnet eine höhere Stufe, wenn auch das Gute anerkannt und verehrt wird. Mit Dankbarkeit verbindet sich die Bewunderung des Grossen und Erhabenen. Das Wort Gott (kalou) der Fidschiinsulaner bedeutet überhaupt etwas Grosses und Ungeheures, ist ein superlativer Ausdruck. Und auf der höchsten Stufe der Volksreligion, die wir kennen, erhebt die religiöse Vorstellung ihren Gegenstand ganz und gar über die Natur, indem Alles in der Welt als durch den Willen der Gottheit hervorgebracht, betrachtet wird. Das Gefühl der Abhängigkeit wird erst hier vollständig, indem der Mensch der Allmacht gegenüber als absolut ohnmächtig dasteht. Was der allmächtige göttliche Wille gebietet, ist das oberste Gesetz. Eine festere und tiefere Grundlage für das ethische Gesetz zu finden, scheint nicht möglich. Hier hat die Autorität ihre höchste Form erreicht, erscheint als eine absolute, unbedingte. Ihr gegenüber ist die Autorität in der Familie und im Staat nur eine abgeleitete. Und obgleich die göttliche Autorität für den Gläubigen die Attribute der Weisheit, Liebe und Gerechtigkeit angenommen hat, so dass er in ihr nicht nur die unendliche Macht, sondern auch das Ideal der Heiligkeit verehrt, so ist doch die Allmacht des Willens nebst der Furcht und Angst, welche die Vorstellung davon erweckt, die letzte Grundlage. Die älteren Theologen sprachen dies unverhohlen aus. Es ist der Drang nach der ewigen Seligkeit, der den Menschen zu Gott führt; „die Menschen,“ sagt *Augustinus*, „sollen keinen Gott verehren, der sie nicht selig machen kann; wäre die Seligkeit eine Göttin, so würde sie die einzige sein, die verehrt werden sollte.“ Der Gehorsam gegen Gottes Willen ist deshalb, wie *Augustinus* ebenfalls darthut, die christliche Cardinaltugend[1]). Die consequente Durchführung dieses Standpunktes kann darum auch nicht die Lehren von den Höllenstrafen aufgeben, denn ohne diese würde die Autorität geschwächt werden. Sie bilden eben den Schlussstein am Gebäude der absoluten Autorität. —

Durch diese Züge aus der Geschichte der Autorität haben wir beabsichtigt, einigermassen ein Princip zu veranschaulichen,

---

1) De civitate dei. Lib. V. praef. — XIV, c. 12.

das in die Entwickelung des Menschengeschlechtes mächtig
eingegriffen hat. Es gab eine Zeit, wo man in revo-
lutionärem Eifer nur für die Mängel des Autoritätsprincips ein
Auge hatte und es nicht nennen konnte, ohne dagegen zu
deklamiren. Jetzt sind wohl die Meisten über die grosse geschichtliche Mission desselben einig, die noch nicht beendet ist,
und man ist vielleicht aus antirevolutionärem Eifer geneigt,
dessen culturgeschichtliche Bedeutung als einen Beweis für
seine principielle Wahrheit zu betrachten. Das Auftreten vieler
moderner Apologeten erinnert, nach der treffenden Aeusserung
Vacherot's, an *Scipio Africanus*, der die Anklage wegen Verun-
treuung zurückwies mit den Worten: „Lasst uns nach dem
Capitolium gehen und den Göttern danken, weil ich *Hannibal*
bei Zama geschlagen habe!" Die Menge folgte ihm, aber die
Rechnungen wurden wohl darum nicht richtiger. Wir können
uns nicht entziehen, Rechenschaft zu fordern. Wir wurden auf
die Autorität geführt, als die geschichtliche Macht, die ursprünglich in der Brust des Menschen die Vorstellung von einem
höheren Gesetz erweckt und worauf dies Gesetz sich bisher
gestützt hat. So unabweislich, wie es für uns war, den Begriff
der Autorität hervorzuheben, ebenso müssen wir nun untersuchen, ob er nothwendig mit dem Begriff des Gesetzes
verbunden ist, und welcher dieser beiden Begriffe vom ethischen
Standpunkt aus der wesentliche ist. Da es sich hier um eine
Principfrage handelt, so müssen wir die Autorität in ihrer vollendeten, unbedingten Form annehmen, und so haben wir sie,
wie erwiesen wurde, in der religiösen Autorität. Die Principfrage, die wir aufwerfen, ist der alte Streitpunkt zwischen der
theologischen und philosophischen, der christlichen und humanen Ethik.

Das Gesetz setzt eine Autorität voraus, worunter der
Mensch sich beugt. Allein damit ist noch nicht ausgemacht,
dass die Autorität selbst Eins mit dem Gesetz sei. Wenn ich
mich unter das Gesetz beuge, weil es der Ausdruck für den
Willen der Autorität ist, so sind meine Beweggründe nicht der
Vorstellung selbst vom Gesetze und dem Inhalt desselben ent-
sprungen, sondern sind in dem Verhältniss zu suchen, worin
ich, abgesehen vom Gesetze, zum Gebietenden stehe, es mag

nun dies Verhältniss ein Verhältniss der Furcht, der Pietät oder
der Ehrfurcht sein. Also gelange ich nur auf einem Umwege
zur Anerkennung des Gesetzes. Wäre es von einem Anderen
ausgesprochen, würde ich es vielleicht nicht befolgen; umgekehrt würde ich sogar einem entgegengesetzten Gebot Folge
leisten, wenn es von derselben Autorität ausginge. Der Inhalt
des Gesetzes bleibt also ein zufälliger, und der Mensch ist in
dem Widerspruch befangen, dass sein energischtes Handeln
das, worauf er Alles einsetzt, in einem ganz willkürlichen Verhältniss zu seinem eigenen Wesen steht. Es schiebt sich stets
eine dritte Macht zwischen ihn und dasjenige ein, wofür er
arbeitet und zwar eine unbedingte Macht, gegen welche alles
Andere zu Nichts wird. Die unbedingte Autorität ist ein „eifer-
süchtiger Gott,“ der Nichts neben sich leidet. Und selbst,
wenn die Autorität keine absolute ist, — wenn sie sich mit
dem Inhalt des Gesetzes nicht identificiren kann, tritt sie
zwischen den Menschen und seine Aufgabe, das directe,
innige Verhältniss, das zwischen ihnen bestehen sollte, ver-
hindernd.

Aus der (alten, consequenten) christlichen Ethik geht dies
deutlich hervor. Es heisst im Allgemeinen, das Gebot der
Liebe sei das Hauptgesetz der christlichen Ethik. In diesem
Gebot, so gross und erhaben es auch ist, liegt an und für sich
Nichts, was über das Humane hinausweist. Andere zu lieben,
abgesehen von jeglichem Unterschied, und sie unbedingt zu
lieben, ist ein Gebot, das bereits *Buddha* ausgesprochen hat.
Die stoischen Philosophen haben ebenfalls früher die Liebe zu
der ganzen Menschheit (caritas generis humani) als ethisches
Grundgesetz aufgestellt, obgleich sie nicht vermochten, demselben eine so tiefe und innige Anerkennung selbst bei den
Einfältigen zu verschaffen, wie das Evangelium, das eben hierdurch seine geschichtliche Mission erfüllte. Hier, wo es uns
nur um die Principien zu thun ist, müssen wir von der practi-
schen Bedeutung absehen, welche sie unter gewissen geschichtlichen Verhältnissen haben können. Es stellt sich dann bei
näherer Betrachtung heraus, dass wir nach der christlichen
Ethik die Menschen nicht ihrer selbst halber, sondern Gottes
halber lieben sollen. Die Liebe ist nicht die christliche Cardi-

naltugend, sondern der Gehorsam, die Unterwerfung unter den göttlichen Willen. Ohne dies würde die christliche Religion keine positive Religion sein. Positive Religion heisst auf Autorität gegründete Religion, und Gehorsam ist das Grundverhältniss zu der Autorität. Im Christenthum wird dies näher dadurch gekennzeichnet, dass die Liebe dem Gehorsam untergeordnet wird. Freilich lehrt der Apostel Paulus, dass die Liebe grösser sei als der Glaube, allein das Christenthum erkennt nur die auf den Glauben gegründete Liebe an, den Glauben an eine übernatürliche Autorität. In den Augen ernster Christen sind deshalb die Tugenden der Heiden nur glänzende Laster. In seinem Liebesgebot hat das Christenthum, wie vor ihm *Buddha* und die Stoiker, über die äusserlichen Verschiedenheiten, welche die alte Welt zersplitterten, hinausgewiesen; es soll kein Unterschied mehr sein zwischen Griechen und Barbaren, zwischen Sclaven und Freien; es hat aber dafür selbst einen Gegensatz gegründet, der fast noch schroffer ist: den Gegensatz zwischen Gläubigen und Ungläubigen, Seligen und Unseligen. Der Glaube und die Liebe wirken sich somit entgegen, [1] und das Gebot der Liebe kommt erst dann zur vollen Geltung, wenn man über die Schranken des Glaubens hinausgeht. Dies kann aber das Christenthum als positive Religion nicht thun. Es hat deshalb das Liebesgebot seine Vollendung erst durch das moderne Toleranzprincip erlangt, welches die Glaubensunterschiede in derselben Weise behandelt, wie das Christenthum die äusseren und nationalen Unterschiede behandelte. *Spinoza* ist der erste, der die Consequenzen des Liebesgebotes gezogen und den Satz praktisch durchgeführt hat, dass die Liebe grösser sei als der Glaube. Das humane Element im Christenthum ist hierdurch von den dasselbe hemmenden Schranken befreit worden.

Es ist nicht nur die Liebe, was unter Voraussetzung des Autoritätsprincips eine bloss indirecte Bedeutung erhält; dasselbe gilt von jedem humanen und culturgeschichtlichen Verhältniss. Die Ehe kann nach der streng christlichen Anschauung nur das geringere von zwei Uebeln werden. *Paulus* räth dem

---

1) Siehe *Ludwig Feuerbach:* Wesen des Christenthums.

4

Sclaven ab, nach der Freiheit zu streben, und *Luther* sagt in seiner kühnen Weise: die Leibeigenschaft widerstreitet dem christlichen Wesen nicht, und wer das sagt, der lügt. Dem einen unendlichen Gegenstand gegenüber, der den Sinn aller Gläubigen erfüllen soll, muss Alles, was nur eine menschliche Bedeutung hat, bei Seite geschoben werden.

Vielleicht wird man hiergegen einwenden, dass wir die Sache auf die Spitze stellen und die Autorität als die rein willkürliche auffassen. „Freilich," wird man sagen, „halten wir das Gute für gut, weil es der Wille Gottes ist; da aber das Gute mit dem Wesen Gottes identisch ist, so will er nur, was gut ist, und der Inhalt des Gesetzes beruht somit nicht auf Willkür und Zufall." Es heisst dies aber nur die ganze Frage weiter zurückschieben, wenn man nicht etwa sich selbst eine so genaue Einsicht in das Wesen der Gottheit beilegt, dass man die Gründe kennt, welche ihren Willen bestimmen. Und angenommen, man kennt diese Gründe und sieht die Richtigkeit derselben ein, warum denn einen solchen Umweg machen, dass man sich auf den übernatürlichen Willen beruft, anstatt denselben direct in Anwendung zu bringen? Sobald die Autorität uns nicht durch einen unbedingten Machtspruch zwingt, kann sie nicht umhin, zur Rechenschaft gezogen zu werden; eine Rechenschaft setzt aber etwas voraus, was über die Autorität erhaben ist, und wonach diese beurtheilt werden kann.

Obgleich *Martensen* in seiner „christlichen Ethik" die übernatürliche, unbedingte Autorität als Grundlage der Ethik energisch vertheidigt, so hat er doch klar eingesehen, dass man die Berechtigung der Autorität begründen muss. Er löst die Frage durch die Behauptung: „das Recht der Autorität ist im Ethischen begründet; dem ist die Macht untergeordnet" (S. 449). Diesen Satz können wir unbedingt unterschreiben. Allein was versteht *Martensen* hier unter „dem Ethischen?" Soll es mit dem Ethischen identisch sein, dessen Erklärung von uns gesucht wurde, so müssen wir ja nach *Martensen*'s Lehre wieder eine höhere Autorität suchen, deren Wille dieses Ethische zur Geltung bringen kann — eine Macht also, die Gott verpflichten kann! Oder soll der Satz, dass das Ethische eine verpflichtende Macht voraussetzt, die über den Verpflichteten steht, nur das menschlich Ethische, nicht das Ethische im Wesen der Gottheit betreffen, so wird dies letztere „Ethische" uns ein leeres Wort, ein Beweis, dass man den Begriff da angewendet hat, wo er keine Geltung hat, geschweige dass es zu irgend welcher Erklärung dienen könnte. Aus diesem Dilemma kommt die theologische Ethik nicht heraus.

Wo die Autorität eine absolute ist, d. h. wo sie über jegliche Begründung erhaben wird, muss sie sich durch ein Wunder offenbaren. Der theologischen Auffassung nach ist deshalb die Ordnung der Natur eben auf dem Punkte abgebrochen, wo das Ethische beginnt. „Das ethische »Du sollst«", sagt *Martensen*, „bleibt in aller Ewigkeit auf natürlichem Wege unerklärbar. Es kommt nicht von unten, sondern von oben." Und später behauptet er, dass das majestätische „Du sollst!" nicht einmal aus unserem idealen Wesen zu erklären sei. Für *Martensen* aber ist das geistige Leben überhaupt „ein Wunder der Natur, ein Transcendentes für den ganzen Naturbegriff." Was wir hier einwenden möchten, ist, dass die Theologie stets das (bis jetzt oder an sich) Unerklärliche mit dem Wunder verwechselt. Das Wunder ist ein Machtspruch, ein Asyl der Unwissenheit (asylum ignorantiae), wozu die Theologie ihre Zuflucht nimmt, um die Lücken auszufüllen, welche sie in der wissenschaftlichen Erkenntniss entdeckt zu haben meint. Die humane Ethik, welche dieselbe wissenschaftliche Methode anwenden muss, die sonst überall gilt in der Welt des Gedankens und der Natur, bildet sich nicht ein, alle Räthsel lösen zu können; sie sucht auf dem natürlichen Wege so weit als möglich zu kommen; das Uebrige lässt sie dahingestellt sein. Sie kann aber nicht von einem so engen Naturbegriff ausgehen, wie es die Theologie thut. Obgleich das Bewusstsein nicht aus dem unbewussten Naturleben erklärt werden kann, so lässt sich doch nachweisen, dass es, was die Bedingungen seiner Entstehung und Entwickelung betrifft, mit demselben im engsten Zusammenhang stehe. Die psychologischen und ethischen Gesetze sind deshalb Naturgesetze, wie das geistige Leben überhaupt ein Glied des unendlichen Naturlebens ist und auf einer gewissen Entwickelungsstufe aus diesem hervorgeht. Für die populäre Auffassung hat es allerdings den Anschein, als ob gewisse geistige Zustände,

Gedanken und Gefühle, einen so erhabenen Charakter hätten, dass sie mit den allgemeinen psychologischen Gesetzen unmöglich in Zusammenhang gebracht werden können. So waren den Alten die Bewegungen der Himmelskörper göttlich und ideal, so dass es eine Lästerung war, sie auf natürlichem Wege zu erklären; und doch haben sie in der neueren Zeit ihre mechanische Erklärung gefunden. Wie viel nun auch die Psychologie und Ethik hinter der Astronomie zurückstehen, so beruhen sie doch auf demselben Princip; auch sie streben nach einer „mécanique céleste," nämlich einer natürlichen Erklärung der „himmlischen Dinge" auf dem Gebiete des geistigen Lebens. Der Glaube, die Verehrung und die Liebe werden ihre psychologische und geschichtliche Erklärung finden, wie mehr elementare Bewusstseins-Erscheinungen bereits die ihrige gefunden haben.

Es ist die Aufgabe der geschichtlichen Wissenschaft, uns den Ursprung und die Entwickelung der Autoritäten zu schildern. Diese sind als Naturwesen aufzufassen, welche sich nach bestimmten Gesetzen entfalten. Die geschichtliche Entwickelung und ihre Gesetze steht über allen Autoritäten und umfasst sie alle. Wenn die Bedingungen für die Gültigkeit einer Autorität nicht mehr vorhanden sind, so macht sie, wie die Geschichte lehrt, einer andern Platz. Allein eben darin, dass sie kämpfen, liegt, dass sie doch endliche Wesen sind. Sie sind wie die Götter des Olymp, welche auf den Kampfplatz herabstiegen und von Menschen verwundet werden konnten.

Hierin nun finden wir die Möglichkeit, die grosse Bedeutung der Autoritäten für das Ethische anzuerkennen und doch die Behauptung aufzustellen, dass das Autoritätsprincip an sich nicht der vollständige Grund des Ethischen sei. Sie sind die erziehenden Mächte in der Geschichte des Menschengeschlechts. Wer aber einen Anderen erzieht, der zielt ja eben darauf hin, diesen frei zu machen und ihn soweit zu bringen, dass er auf eigenen Füssen stehen und mit eigenen Augen sehen kann. Er strebt darnach, sich selbst überflüssig zu machen, selbst zu verschwinden, damit der Schüler die Sache selbst begreife. Diese Resignation wird von jedem Erzieher erfordert, aber nur zu oft wird sie von den Autoritäten auf jeglichem

Gebiet vergessen. Eben hierdurch beweisen sie ihre Endlich-
keit. Denn das, wodurch die Autorität sich von dem Gesetz,
das zur Geltung gebracht und dem Zweck, der erreicht werden
soll, unterscheidet, ist der Egoismus, der Eigenwille, welchen
sie geltend macht auf Kosten der Sache, die sie fördern sollte.
Hiermit stimmt es gut überein, dass die Autorität in letzter
Instanz an egoistische Motive appellirt, namentlich an die Furcht.
Ethische Berechtigung hat sie nur als Träger eines Inhalts, der
seine Berechtigung, ganz abgesehen von der Autorität, beweist;
und nur dadurch wird sie Gegenstand der Bewunderung, Ehrfurcht und Liebe; wirkt sie dagegen über die Berechtigung,
welche dieser Inhalt giebt, hinaus, so sinkt sie zu ihren primi-
tivsten Formen zurück. So lange die Autorität als ein Drittes
zwischen dem Handelnden einerseits und dem Gesetz und Zweck
der Handlung andererseits steht, so lange ist das Handeln nur
indirect ein ethisches, weil andere Motive herrschen als eben
die Anerkennung des Gesetzes und die Ehrfurcht vor demselben.
Die Ethik setzt also alle Autoritäten von absoluten zu relativen,
von Mitteln zu Zwecken herab.

Die Autorität ist wegen des Menschen, der Mensch nicht
der Autorität halber da. Wenn die Persönlichkeit so ausgebildet ist, dass ein anerkanntes Gesetz ihr einziges oder doch
tiefstes Motiv ist, liegt in ihr selbst eine Autorität, gegenüber welcher jede äussere Gewalt nichts ist. Der Schwerpunkt
ist von der Aussenseite in's Innere verlegt, — das grosse Ziel
aller Erziehung!

Es ist die Aufgabe der neueren Zeit, die absoluten Autoritäten in relative zu verwandeln. Statt der Last, worunter das
Leben litt, so lange eine übernatürliche Autorität theils unmittelbar, theils durch ihre Vertreter und Diener alles, Grosses
wie Kleines, mit ihren Geboten umfasste, arbeitet die neuere
Zeit darauf hin, eine freiere und höhere Entwickelung hervor-
zubringen, indem sie das Schwere zur Grundlage nimmt statt
des Leichten. Dafür kämpfte die Reformation und die Revo-
lution, jede auf ihre Weise. Die Autorität ist eine Lebensbe-
dingung für das öffentliche und dadurch auch für das ethische
Leben; aber das Leben erreicht erst seine höhere Entwickelung,
wenn die Autorität sich unterordnet. Die Ueberzeugung wird sich

Anerkennung verschaffen, dass die Gültigkeit und der Werth der ethischen Ideen auf ihnen selbst, auf ihrem innerlichen Zusammenhang mit dem Wesen und den Grundbedingungen des menschlichen Lebens beruht, obschon sie sich historisch unter dem Schutz der Autoritäten entwickeln. Indem man darauf hin arbeitet, sie aus absoluten zu relativen umzugestalten, arbeitet man im Interesse der Ethik. In dem Bewusstsein der meisten sind die ethischen Ideen so eng verbunden mit der Vorstellung von der absoluten Autorität, dass ein Angriff auf diese auch als ein Angriff auf das Ethische erscheint; hieraus entspringt der fortwährende Vorwurf gegen das freie Forschen, dass dasselbe zu unethischen Consequenzen führt. Eben so wie die Heiden in Alexandria erwarteten, dass Himmel und Erde in das alte Chaos zurückfallen würden, als die Christen die Bildsäule des Serapis umstürzten[1]), glauben viele jetzt, dass das menschliche Leben in ethischer Beziehung in ein Chaos zurückfallen werde, wenn die alten Dogmen von dem Platz, den sie jetzt als regierende Mächte eingenommen haben, entfernt werden. Für den, der einen freieren Blick und einen zuversichtlicheren Glauben hat, stellt sich die Sache anders. Er wird ohne phantastische Illusionen und ohne sich von vorübergehenden Ausschweifungen, die nie ausbleiben werden, wo neue Ideen sich Bahn brechen, irre machen zu lassen, es dem stillen, aber sichern Fortschreiten der historischen Entwickelung überlassen, die neuen Ideen mit den praktischen Formen des Lebens in Einklang zu bringen. In einem früheren Zusammenhang haben wir gesehen, von welcher wesentlichen Bedeutung es für den einzelnen Menschen ist, in Uebereinstimmung mit seiner eigenen vollendetsten Erkenntniss zu bleiben. Dasselbe gilt für die Gesellschaft, für das ganze Geschlecht; ist also eine Idee wirklich in der menschlichen Natur begründet, so wird sie sich auch zur praktischen Anerkennung hervorarbeiten, wie wenig wir auch alle die Uebergänge, Wege und Umwege, die sie durchzumachen hat, überschauen können. Man muss *Pascal* hier Recht geben, wenn er sagt: „Lasst uns darauf hinarbeiten, recht

---

1) *Gibbon*: The decline and fall of the Roman Empire. Chap. 28.

zu denken, denn dies ist das Princip der Moral!" Das ist wenigstens der Beitrag, den die theoretische Ethik zur Entwickelung des ethischen Lebens darbringen sollte.

Nur die Autoritäten sind als ethisch berechtigte anzusehen, die ihre eigene relative Bedeutung erkennen. Die übernatürliche Autorität wird stets der Aufforderung, sich unterzuordnen, auf dieselbe Weise begegnen, wie deren consequentester Repräsentant, die römische Kirche, der Aufforderung, den Fortschritt der Geschichte anzuerkennen: mit ihrem „Non possumus!" Das Wesen der humanen Autorität dagegen wird durch eine solche Aufforderung nicht beeinträchtigt. Die Autorität ist hier hauptsächlich ein Ausdruck für die Ueberlieferung, welche das eine Geschlecht dem anderen mitgiebt als eine unentbehrliche Stütze, bis dasselbe auf eigenen Füssen stehen kann. Nur dadurch entsteht ein Zusammenhalten des Menschengeschlechtes und wird ein Fortschritt und eine Entwickelung möglich, dass jedes neue Geschlecht nicht von vorn anfängt, sondern in die Fusstapfen des älteren tritt. Der Gegensatz zwischen dem älteren und dem jüngeren Geschlecht kommt theils daher, dass die überlieferten Gebräuche nicht immer weichen, nachdem ihre eigentliche Rolle ausgespielt ist, theils aber auch aus dem ungestümen, ungeduldigen Hervortreten der neuen Formen. Aber auch die harten Kämpfe, die daraus folgen, sind von grosser Bedeutung: die Freiheit muss erkämpft werden, die Erkenntniss des inneren, höheren Gesetzes kann nicht von Aussen eingeimpft werden. Der Widerstand, den selbst die relativen Autoritäten geneigt sind, gegen ihre Unterordnung zu setzen, befördert geradezu eine innerlichere, freiere und kräftigere Entwickelung der neuen Formen. Doch soll es immer ein wesentliches Streben sein, den Uebergang so kurz und leicht wie möglich zu machen, und dies ist möglich, je mehr die Ueberzeugung sich verbreitet, dass „das Recht der Autoritäten sich auf das Ethische gründet", je mehr die gebietenden Mächte wirklich als erziehende Kräfte handeln, und je innerlicher und tiefer ihre Bedeutung darum auch von Allen anerkannt wird. Das ethische Gesetz soll nicht allein von der Autorität ausgehen, sondern auch auf sie angewendet werden. Eine absolute Autorität ist über jedes Gesetz erhaben, selbst über das von ihr ausgehende;

aber die relativen Autoritäten kann man mit ihrer eigenen Elle messen.

Als Glied des Geschlechtes findet sich ein jeder berufen, die ihm zukommende Aufgabe zu lösen, so wie dieselbe aus allen historischen Ursachen hervorgeht. Er ist ein Kind der Vergangenheit und hilft beim Schaffen der Zukunft. Er kann seine Abhängigkeit von der Vergangenheit nicht begreifen, ohne zugleich einzusehen, dass die Zukunft zum Theil durch sein Zuthun bestimmt wird. So beschränkt sein Gesichts- und Wirkungskreis auch sein mag, so ist er doch nie davon ausgeschlossen, sich als Mitarbeiter an der grossen, mit der Zeit vorwärtsschreitenden menschlichen Gesellschaft zu betrachten. Das Bewusstsein davon, unter welcher Form es sich auch zeigt, ist Eins mit dem Gefühl der Verpflichtung, mit der Erkenntniss eines höheren Gesetzes. Hier haben wir das Ethische in seiner einfachsten und reinsten Form. *Comte* hat auf eine schöne und treffende Weise nachgewiesen, wie diese Erkenntniss im Familienleben entsteht und stets wieder auf dasselbe zurückweist. Durch das Pietätsgefühl gegen die Eltern treten die Kinder in Verbindung mit der Vergangenheit des Geschlechts und prägt sich ihnen der Eindruck tief ein, wie genau ihr Dasein damit verbunden ist. Durch das geschwisterliche Verhältniss und später durch die Beziehungen zwischen Mitarbeitern und Zeitgenossen wird der Einzelne eingeweiht in den grossen Kreis solidarischer Interessen, wozu auch er seinen Theil beitragen soll. Die Zusammengehörigkeit tritt hier nicht so klar an den Tag, wie innerhalb des Familienkreises, aber je mehr die Kultur fortschreitet, um so mehr unter einander verbunden zeigen sich die menschlichen Bestrebungen, so dass ein Fortschritt in der einen Richtung auf die Dauer unmöglich ist, ohne entsprechendes Fortschreiten auch nach andern Seiten hin. Das Vaterverhältniss bringt schliesslich den Abschluss hervor und weist auf die Zukunft hin. Was dabei in einfachster Form in der engeren Familie sich zeigt, kann, erweitert und ausgebildet, das ganze Geschlecht umfassen. Es gibt eine Menge Aufgaben, die durch das Verhältniss zur Vergangenheit bedingt werden; sie umfasst alles, was dazu dient, das menschliche Leben, dessen Organisation, und die festen Formen, ohne welche das Leben hier so wenig als anderwärts bestehen kann, zu bewahren und sicher zu stellen. Andere Aufgaben weisen auf die Zukunft hin; hierher gehört Alles, wodurch das Leben eine höhere und weitere Entwickelung und Bereicherung erhalten kann. Ordnung und Fortschritt hängen von einander ab: die Ordnung ist eine Bedingung des Fortschritts, der Fortschritt Zweck der Ordnung [1]).

In beiden Arten von Aufgaben findet das persönliche Leben seinen Inhalt und seine Nahrung. Die harmonische Vereinigung freier Persönlichkeiten, welche auch in diesem Zusammenhang sich als die höchste ethische Idee erweist, ist nicht blos ein Ideal, sondern ist relativ und theilweise in jeder ethisch entwickelten Persönlichkeit verwirklicht. Wenn das Ziel stets in der Zukunft läge, würde die ethische Handlungsweise den Charakter eines tantalischen Strebens nach etwas, das stets entflieht, erhalten. Aber das Reich, nach dessen Kommen man streben soll, ist bereits da, wo recht gearbeitet wird, sei es, dass die Arbeit in diesem einzelnen Fall sich zunächst in der Entwickelung des persönlichen Lebens des Individuums nach verschiedenen Richtungen hin, concentrirt, oder einen mehr nach aussen gehenden Charakter hat. Der Zusammenhang mit den grossen gemeinschaftlichen Zwecken des Menschengeschlechts heiligt und edelt auch die geringste mit Treue ausgeführte That.

Es sind nicht blos abstracte Gesetze und Anschauungen, die dem Gedanken bei der Betrachtung der Entwickelung des menschlichen Lebens entgegentreten. Die grossen geschichtlichen Gestalten, in welchen menschliche Aufgaben und Zwecke gleichsam personificirt erscheinen, stehen als Vorbilder, Typen da von dem, was das menschliche Leben sein kann. Einige dieser Gestalten besitzen in der Form, in der sie uns überliefert werden, einen solchen Stempel der Vollendung, dass sie über den Kampf und die Schwierigkeiten, unter denen die meisten sich hervorarbeiten müssen, erhaben scheinen. Die Mythe und Legende scheint oft von demselben Gedanken inspirirt gewesen zu sein, den *Schiller* in einem seiner Epigramme

---

1) Politique positive I. 95, 105.

ausspricht: „Gemeine Naturen zahlen durch das, was sie thun, edle durch das, was sie sind.“

Es ist eine vollständig berechtigte Idee, dass, wie früher bemerkt, der Weg und das Ziel, ethisch angesehen, nicht ganz von einander abweichen können. Aber „die streitende Kirche“ bedarf Vorbilder, die selbst gestritten haben, für die der Kampf mehr als göttliches Spiel war. Das Vorbild kann deshalb eben so wenig absolut sein, als die Autorität, denn dies würde es eben untauglich für relative Wesen machen. Das, was wir von demselben lernen sollen, ist, was das menschliche Geschlecht bei Anspannung eigner Kraft leisten kann.

Lives of great men all remind us
We can make our lives sublime. *(Longfellow.)*

So mächtig aber auch der Einfluss sein kann, den der Gedanke von der fortschreitenden Menschheit ausübt, namentlich, wenn sie durch hervorragende Persönlichkeiten vertreten wird, so führt die Betrachtung des Ethischen uns doch weiter. Die Entwickelung hat nicht erst mit dem Auftreten des Menschen begonnen.

Die am besten begründeten Hypothesen führen uns dahin, den Ursprung des Menschengeschlechtes als Resultat eines langen organischen und physischen Entwickelungsprocesses anzusehen. Durch einen langen Zeitraum, unter den verschiedensten Formen, erhebt sich das Naturleben aus den dunkelsten Nebelmassen zur höchsten geistigen Klarheit. Ueberall können wir dieselben Grundgesetze, die fortschreitende Schöpfung kleinerer Totalitäten innerhalb des grossen Ganzen finden [1]). Eine jede eigenthümliche Form in der organischen wie unorganischen, in der Menschen-, wie in der Thier-Welt, bezeichnet ein eigenthümliches Stadium in der grossen Lebensentfaltung. Wir erklären nicht das Höhere aus dem Niederen, weil wir jenes aus diesem entstehen sehen; im Gegentheil verstehen wir erst recht das Weltleben, wenn wir sehen, was es auf seinen Höhepunkten, in seinen eigenthümlichsten Gestalten zu leisten vermag. Eben durch die Entwickelungshypothese ist der Mensch kein

---

1) *Herbert Spencer:* First Principles.

Fremder in der Welt, sondern hat seine Wurzeln in deren innerstem Wesen; und was der Mensch als Nothwendigkeit, als Wahrheit und Güte anerkennt, ist ebensowohl eine Realität, als die äusseren materiellen Massen. Indem er für die Verwirklichung seiner Ideale, für die Entwickelung und Vervollkommnung des menschlichen Lebens arbeitet, spielt er die Rolle, die er auf dem Platz, auf den er gestellt worden, auszuführen hat. Er steht als letztes Glied einer langen Entwickelung da, und seine natürliche Aufgabe ist, seinen Platz so auszufüllen, dass er ihn nicht blos behauptet, sondern auch benutzt, um die Entwickelung weiter zu führen. Sein Kampf um das Dasein wird ein Kampf für die Würde der Menschheit. Es ist das geistige Leben, das Leben des Gedankens, Gefühls und Willens, wodurch sich der Mensch über die niederen Lebensstufen erhebt, das er bewahren und ausbilden muss, um nicht wieder von dem Platz, den er errungen, herabzusinken. Alle die individuellen Ausgangspunkte, die wir früher erwähnt haben, bekommen nun ihre richtige Bedeutung, indem sie in den grossen Zusammenhang, in dem das menschliche Leben steht, eingepasst werden. Der Selbsterhaltungstrieb, der, sobald er sich um das einzelne Individuum concentrirt, zum Egoismus wird, erhält seine Berechtigung, sobald man sieht, dass der Kampf des Einzelnen um das Bestehen eine Bedingung für das Dasein und die Entwickelung des ganzen Geschlechts ist. Die Aufgaben, welche die individuellen Interessen in Bewegung setzen, sind zugleich die, durch deren Lösung die Kräfte des ganzen Geschlechtes geübt und entwickelt werden. Die Sympathie ist das Band, das die gleichzeitig und später lebenden Individuen des Geschlechtes zusammenhält; sie erhebt sich über den blossen Instinct, wenn sie durch den Gedanken an die grosse gemeinsame Aufgabe, woran alle zu jeder Zeit und unter allen Verhältnissen arbeiten, geläutert wird. Die Vernunft ist jetzt mehr als ein formelles Vermögen; sie bekommt ihren lebendigen und reichen Inhalt durch die Anschauung des Lebenslaufs der Menschheit, der Gesetze und Bedingungen, unter welchen er sich vollzieht, der Aufgaben und Pflichten, die daraus unter gegebenen Bedingungen folgen.

Obschon das menschliche Leben seinen Ursprung im Weltorganismus hat, so ist es doch verschwindend in Vergleich mit diesem. Die Zeiten sind vorbei, in denen man sich mit der Annahme, dass der Mensch der Mittelpunkt des Weltlebens, und Alles nur seinetwegen da sei, beruhigen konnte. Je mehr der Gedanke die Natur durchschaut und ihre Gesetze kennen gelernt hat, je mehr der Mensch mit Hülfe dieser Einsicht sich der Naturkräfte zu seinem Nutzen bedienen kann, um so mehr ist er gleichzeitig zu der Erkenntniss gekommen, dass das menschliche Leben nur ein verschwindendes Element im Verhältniss zum grossen Ganzen ist. Die Unendlichkeit des Weltlebens und die unveränderlichen Gesetze, nach denen es sich vollzieht, überzeugen ihn von seiner Vergänglichkeit und Beschränkung. Das Gefühl der Abhängigkeit, worin man mit Recht das Wesen der Religion gesucht hat, wird also auch bei dem entstehen, der nicht im Glauben an übernatürliche Autoritäten lebt. Aber jede Furcht und jedes egoistische Interesse wird durch die Ueberzeugung entfernt, dass es nicht auf des Menschen Wünsche und Gefühle, sondern auf ein bestimmtes festes Gesetz der Ordnung der Dinge ankommt, was sich verwirklichen soll. Wer nach Erkenntniss seiner selbst und der Bedingungen seines Daseins strebt, wird daher „als fröhliches Glied in der Kette der Weltordnung" [1] in heiterer Resignation es dem Gang der Natur überlassen, was und wie viel sich für ihn von dem, was er erstrebt und hofft, erfüllen wird. Halten wir daran fest, dass das Höchste, was wir kennen, die idealen menschlichen Zwecke und Gesetze, sich unter dieser Ordnung der Dinge entwickelt haben, so verwandelt sich das Abhängigkeitsgefühl in Ehrfurcht; die Weltordnung wird nicht länger als eine physische, sondern als eine ethische erscheinen. Wie verschwindend auch das Menschenleben im Verhältniss zum Weltleben sein mag, so liegen doch die höchsten Güter, die wir kennen, in dessen Bereich, und ihr Werth wird nicht dadurch verringert, dass wir nicht im Stande sind, Sonne, Mond und Sterne stille stehen zu lassen, oder ihren Gang zu unserem Nutzen zu verändern. Wir sind dem Leben und dem Dasein allzuviel

---

1) *Dante's* Paradies 3. Gesang, 54. Vers.

schuldig, um solche Anforderungen zu machen. In unserer tiefen Abhängigkeit von der Natur fühlen wir doch Dankbarkeit und Ehrfurcht vor dem grossen Zusammenhang der Dinge, der die Früchte des geistigen Lebens hat reifen lassen.

Die Ethik steht daher in genauem Zusammenhang mit der Religion. Auf beiden Gebieten spielt das Gefühl der Ehrfurcht eine Hauptrolle. Der Unterschied besteht darin, dass in der Ethik, wo der Mensch handelnd auftritt, dieses Gefühl mit seiner eigenen höchsten Erkenntniss der Zwecke und Aufgaben verbunden ist, während er in der Religion weiter zurückgeht und sieht, dass sowohl seine Handlungen wie sein ganzes Wesen, mit allen seinen Wünschen und Zwecken ein Glied des Menschen- und Naturlebens, und dessen Bedingungen unterworfen ist. So lange das Gefühl in der Menschheit nicht erloschen ist, dass sowohl das Individuum, als auch das Geschlecht nur Glieder des grossen Ganzen sind, aus ihm entspringen und von ihm abhängig sind, werden auch die Ethik wie die Religion ihren Einfluss unter verschiedenen Formen geltend machen. Wir stehen hier einer Sache gegenüber, die ihren Grund in den Bedingungen und der Natur des Menschen hat und nicht mit den Geboten willkürlicher Mächte steht oder fällt.

IV. Das ethische Gesetz und der Fortschritt.

———

Die Anhänger des Autoritätsglaubens rühmen als wichtigsten Vorzug ihres Princips, dass man unmittelbar aus der Quelle der Wahrheit schöpft, was recht und gut ist, so dass die Entscheidung darüber nicht den wechselnden Ansichten verschiedener Zeiten und Individuen unterworfen ist. Dieses würde gewiss ein grosser Vorzug sein, wenn die zum Handeln berufenen Wesen nicht im Stande wären, selbst nach einer Entscheidung dieser Fragen zu forschen, und wenn das Hauptgewicht auf eine gewisse Menge und Art von Handlungen und nicht auf das freie Streben, woraus die Handlungen entspringen, zu legen wäre. Wenn man aber sieht, wie die edelsten Kräfte der Menschen sich eben im Streben nach Erkenntniss seines Wesens und seiner Stellung in der Natur bethätigen, wird man Sir *William Hamilton* recht geben, dass eine lebende Verirrung besser ist als eine todte Wahrheit, und eben das lebendige Streben nach ethischer Ueberzeugung wird ein wichtiges Element des Ethischen, ohne welches das Reich der harmonischen Persönlichkeiten nicht errichtet werden kann. Der Mensch ist noch keine wahre Persönlichkeit, der auf äussere Anordnungen wartet und auf sie hört, ehe er sich entscheidet. Es wird sich übrigens immer als eine Illusion erweisen, wenn man annimmt, dass das Leben in der That von den Geboten einer übernatürlichen Autorität geleitet wird. Diese steht zu fern, um den wirklichen Thatbestand beherrschen zu können, wo so mannigfache — edle und unedle — Kräfte sich bewegen. „Nicht einer von tausend Christen," sagt *Stuart Mill* (über die Freiheit Cap. II.), „lässt sich von den Grundsätzen und Vorschriften, die im neuen Testament enthalten sind, leiten und betrachtet sie als Maasstab seines individuellen Betragens. Der Maasstab, wonach er sich richtet, ist die Sitte und der Gebrauch seines Volkes, der mit ihm Gleichgestellten und zu einem religiösen Bekenntnisse gehörenden. Er besitzt also einestheils eine Sammlung ethischer Grundsätze, von denen er annimmt, dass sie ihm von der unfehlbaren Weisheit als Regeln aufgestellt worden sind, um darnach sein Betragen einzurichten; anderntheils hat er eine Menge alltäglicher Anschauungen und Anweisungen, welche im Ganzen genommen ein Compromiss sind zwischen dem christlichen Glauben und den Interessen und Anschauungen des wirklichen Lebens, indem sie bis zu einem gewissen Grad mit einigen jener Grundsätze übereinstimmen, während sie sich mit anderen weniger vereinbaren und schliesslich mit noch anderen in directem Widerspruch stehen. Der einen dieser Richtschnuren huldigt er, während er, in der That, nach der anderen sich richtet." Es sind aber nicht blos Ueberlieferung und Gewohnheit, welche auf diese Weise den Einfluss unbedingter Autorität hindern können: auch die freie selbständige Ueberzeugung von den Anforderungen, welche die Humanität macht, spielt mehr und mehr eine bedeutende Rolle, was die sociale Entwickelung der neueren Zeit deutlich beweist. Hier wird es klar, dass man auf freie menschliche Weise eine feste Einsicht in die Ethik erwerben kann. Diese Quelle zu übersehen, um nach einer anderen zu suchen, würde heissen: über den Fluss nach Wasser gehen.

Nur dann kann man mit Recht das Autoritätsprincip wegen dessen Deutlichkeit und Sicherheit loben, wenn man bei jeder einzelnen Gelegenheit Antwort auf Fragen erhalten kann. Die katholische Kirche bietet ihren Anhängern diesen Vortheil. Der Katholik kann in allen zweifelhaften Fällen sich an seinen Beichtvater wenden, welcher als Repräsentant der Kirche, also in letzter Instanz, Gottes, dasteht, gewissermaassen das Rohr, durch welches der Strom von der Quelle der absoluten Wahrheit auf ihn, den Einzelnen, geleitet wird. Die protestantische Kirche verliert diese Sicherheit und Deutlichkeit, indem sie

jeden Einzelnen auf seine innere Ueberzeugung hinweist; und
sie nimmt eine wackelnde und unhaltbare Stellung ein, wenn
sie, um dies zu verbessern, der Kirche eine „relative" Unfehlbarkeit zuschreibt (*Martensen*: „Katholicismus und Protestantismus"). Eine relative Unfehlbarkeit ist nicht Unfehlbarkeit.
Für den Protestanten ist das Gewissen die einzige Richtschnur,
und er kann der Kirche nur gehorchen, wenn diese mit dem
Gewissen übereinstimmt. Der Protestantismus thut einen Schritt
vorwärts in Bezug auf die ethische Befreiung, bleibt aber auf
halbem Wege stehen. Dies tritt charakteristisch hervor bei den
ältesten protestantischen Moraltheologen, welche lehrten, dass
das Gewissen „in Bezug auf Macht und Autorität zwischen Gott
und den Menschen steht, unter Gott, aber über den Menschen."
Hier wird noch die Möglichkeit einer Autorität, die über dem
Gewissen stehen kann, angenommen, und diese Möglichkeit ist
es, welche die protestantische von der humanen Ethik scheidet.

Wenn es feststeht, dass der Mensch nur von dem Gewissen,
durch freie Anerkennung des Rechten, verpflichtet werden kann,
ist das Gewissen selbst die höchste Autorität und keiner anderen
untergeordnet. Gewissen bedeutet ja die höchste Klarheit und
Ueberzeugung, zu der des Menschen ethisches Denken und Gefühl durch alle möglichen Anstrengungen gelangt ist. Da der
Mensch selbst handeln soll, der Mensch, wie er unter gewissen
gegebenen Verhältnissen beschaffen ist, so kann er den Maasstab seines Handelns nur in dem höchsten Verständniss, welches
er von dem Wesen und der Bedeutung der Handlung erlangen
kann, suchen. Wir müssen daher *Joh. Gottl. Fichte* in seiner
dreisten Behauptung: „Das Gewissen irrt nie und kann nicht
irren" Recht geben. Sie gilt für den Menschen im Augenblick
der Handlung. Geht eine bessere Einsicht der Handlung voraus, so wird sie dieselbe, wenn möglich, verhindern; tritt sie
später ein, so tritt sie als Richter auf, der doch einräumen
muss, dass der Mensch recht daran gethan, nach der besten Ueberzeugung zu handeln. Es ist Pflicht, ein Gewissen zu besitzen,
der Mensch soll nach einer klaren und bestimmten Erkenntniss
des Rechten streben. In jedem gegebenen Fall muss er sich
von der Einsicht leiten lassen, die ihm zu Gebote steht, indem
er sorgfältig seine begrenzte Erkenntniss dadurch zu verbessern

sucht, dass er vorausgreifend sich ein Bild davon macht, wie die Handlung von einem höheren Standpunkt aus sich aus- nehmen würde. Da aber dieser höhere Standpunkt selbst jeder- zeit von des Handelnden wirklichem Standpunkt und seiner Stellung, von welchen derselbe nur theilweise abzusehen vermag, modificirt wird, so ist die Möglichkeit nie ausgeschlossen, dass die Handlungsweise später unter andern Verhältnissen ihm an- ders erscheinen kann. Trotzdem wird er, wenn er wirklich aus Ueberzeugung handelte, einsehen, dass die spätere, klarere und richtigere Einsicht nur dadurch erlangt wurde, dass er in einem früheren Stadium seine unvollkommene Einsicht, so gut als möglich, benutzte. Beide Stadien befinden sich also auf der- selben Linie und bezeichnen Stufen der Entwickelung nach Einem Ziele hin.

Was für den Einzelnen gilt, gilt auch für das Menschen- geschlecht überhaupt. Die verschiedenen menschlichen Ent- wickelungsstufen bezeichnen eben so viele Entwickelungsstufen des ethischen Gesetzes. Man kann nicht behaupten, dass unter den Menschen Einigkeit in den ethischen Grundsätzen herrsche; dem widerspricht die Erfahrung und die Geschichte. Einigkeit ist nicht der Ausgangspunkt, sondern das Ziel. Ueberall aber, wo eine gewisse menschliche Entwickelung erreicht ist, tritt das Pflichtverhältniss hervor. Dieses kann in grösserer oder geringerer Klarheit und Innigkeit, Tiefe und Umfang vorhanden sein. Was in diesem Verhältniss auf der einen Stufe wichtig erscheint, ist auf einer andern Stufe gleichgültig. Sobald eine höhere Stufe erreicht ist, fällt man das Urtheil über die nie- drigere, durch welche doch jene selbst erst ermöglicht worden ist. So ist die Geschichte das Gericht sowohl im Leben des Geschlechtes als in dem des Einzelnen. Eine absolute Wahr- heit erfassen wir nirgends. Es ist unser Loos, an der Lösung eines unendlichen Räthsels, das stets, so lange das Leben währt, sich in neuen Gestalten zeigt, zu arbeiten.

Wir werden hierdurch zu der Frage veranlasst, in wie weit man recht hat, einen Fortschritt des Menschengeschlechtes in ethischer Beziehung anzunehmen. Man hat diese Annahme, wozu so vieles in unseren früheren Untersuchungen veranlassen kann, verworfen, indem man sich namentlich auf die innere subjective Seite der Ethik stützt. So erklärt der berühmte Naturforscher *Wallace*, der die malaische Race genau kennt, dass die Wilden ihr einfaches Moralgesetz zum mindesten eben so gut erfüllen, als die gebildeten Europäer, ja, dass die grosse Masse unseres Volkes über das Moralgesetz der Wilden noch nicht hinaus gegangen ist, sondern sogar, in gewisser Beziehung, unter demselben steht. Man hat einen Schritt weiter gethan, indem man den Gedanken an einen eigentlichen ethischen Fortschritt, weil eine Ungerechtigkeit enthaltend, zurückweist, indem die späteren Geschlechter, die ihre Bahn auf einer höheren Entwickelungsstufe begonnen haben, vortheilhafter gestellt sein würden, als die früheren. Da es in der Ethik hauptsächlich darauf ankommt, was man aus den gegebenen Bedingungen hervorbringt, thut es nichts zur Sache, von welcher Stufe aus man beginnt. Unter den einfachsten, wie unter den am meisten entwickelten Culturverhältnissen, kann die Moralität also dieselbe sein. Nach dieser Anschauungsweise, die in unserer Zeit von *Bouillier* behauptet wird, ist das Ethische zu allen Zeiten sich gleich. Zähler und Nenner können wechseln, aber die Grundverhältnisse bleiben dieselben ($^1/_2 = {}^2/_4 = {}^3/_6 = {}^4/_8$ u. s. w.).

Man geht hier davon aus, dass das ethische Verhältniss auch auf der niedrigsten menschlichen Entwickelungsstufe vorhanden ist. Aber das ethische Verhältniss setzt gewisse Bedingungen voraus, die nicht allezeit vorhanden gewesen sein können. Es kann nicht bestimmt nachgewiesen werden, bevor die Gesellschaft und das Autoritätsverhältniss sich gebildet und ehe das geistige Vermögen des Menschen einen gewissen Umfang und eine gewisse Stärke erreicht hat. Ursprünglich unterscheidet der Mensch nur zwischen Gutem und Bösem als zwischen dem, was ihm Freude und dem, was ihm Schmerz bereitet. So erklärte ein Wilder, es sei schlecht, wenn Jemand ihm sein Weib raube, dagegen war es recht, wenn er selbst eines Anderen Frau nahm. Nachdem das ethische Verhältniss, als Erkenntniss eines höheren Gesetzes und Handeln aus Ehrfurcht vor demselben, zur Geltung gekommen ist, wird es, je nach den verschiedenen geschichtlichen Bedingungen, auch einen verschiedenen Charakter annehmen. Das Ethische ist nichts Isolirtes im menschlichen Wesen, ist nicht gleichgültig gegen den Fortschritt oder Rückgang in allen anderen Beziehungen, sondern tritt mit allem, was sich ausserdem im Menschen regt, in die innigste, lebhafteste Wechselwirkung. Der Umfang, die Reinheit und Freiheit, mit der das Ethische sich geltend macht, beruht, bis zu einem gewissen Grade, auf der Culturstufe und geistigen Entwickelung, welche der Mensch erreicht hat. Bei klarem Verständniss des Zieles und der Bedingungen wird auch die Verpflichtung selbst einen höheren Charakter annehmen. Auch in Betreff des ethischen Grundverhältnisses selbst müssen wir daher einen Fortschritt annehmen. Eine hiervon ganz verschiedene Frage ist, ob spätere Geschlechter hierdurch etwas vor den früheren voraus haben. Für die Bedingungen, unter welchen die Entwickelung der einzelnen Geschlechter und Individuen begonnen hat, können diese selbst nichts. Wir nehmen natürlicherweise einen höheren Standpunkt ein als diejenigen, von denen wir abstammen, aber dass wir dies thun, danken wir ihnen. Je mehr das Bewusstsein des Zusammenhanges der Geschlechter sich steigert, je mehr namentlich die erziehende Macht des älteren Geschlechtes dem jüngeren gegenüber in seiner ganzen Bedeutung hervortritt, desto mehr regt sich die Pietät für die, welche jeder auf seine Weise gestritten und gearbeitet haben, um uns auf den Punkt zu bringen, auf dem wir jetzt stehen.

Noch deutlicher erkennt man die Nothwendigkeit, einen ethischen Fortschritt anzunehmen, wenn wir die objective Seite der Sache, die Lebensgebräuche und Einrichtungen, worin das Ethische sich zu erkennen giebt, betrachten. Die freiere und menschlichere Weise, in welcher die Lebensverhältnisse sich nach und nach ordnen und für den Menschen zurecht gelegt werden, muss doch von höherem ethischen Werth sein, als die rohe und primitive Ordnung. Es ist angesammelte Arbeit, die freilich wie jedes Capital gut benutzt oder missbraucht werden kann, aber doch einen Fond repräsentirt, über den das Menschengeschlecht disponirt.

Vom ethischen Standpunkt aus sehen wir die Geschichte des Menschengeschlechtes als die Entwickelungsgeschichte des harmonischen Zusammenlebens, als die fortschreitende Verwirklichung des Reiches der Humanität an. In dieser Entwickelung kann man drei Stufen unterscheiden: in der einen herrscht die Macht, in der andern das Recht, in der dritten die Pflicht. Diese Stufen kann man erkennen sowohl in der Geschichte des ganzen Geschlechts, als in der ethischen Entwickelung des Einzelnen.

Keine Erziehung findet statt ohne Zwang und ohne Anwendung von Strafen. Auch der menschenfreundlichste Pädagoge muss in der Praxis Zwang anwenden, um seinen Zögling von Handlungen, die absolut und augenblicklich für ihn selbst oder Andere schädlich sind, abzuhalten, und der Zögling wird vorläufig davon keinen andern Eindruck bewahren, als den von einer Anwendung der Gewalt. In dem ursprünglichen Zusammenleben, wo die Philanthropie sich nur schwach äussert, regiert die Gewalt, geleitet von dem Selbsterhaltungstrieb der Herrschenden, beinahe vollständig. Alle Arbeit wird den Schwachen, Weibern und Kindern aufgeladen. Der überwundene Feind wird wie jede andere Beute behandelt. Nur im eignen Stamm wird das Recht des Individuums, zu bestehen und seine eigenen Interessen zu befriedigen, anerkannt, und selbst diese Anerkennung ist durch Gewalt errungen worden. Das Recht beruht ursprünglich auf der Anerkennung des gegebenen Machtverhältnisses. Innerhalb der Familie, wo das Rechtsverhältniss sich nicht geltend macht, bleibt die Macht herrschend, wie man es namentlich im älteren römischen Recht sieht, welches Frau und Kinder vollständig der Autorität des Familienvaters unterordnet. Sobald das Mitgefühl für die Schwachen, welches gerade in der Familie entsteht und gebildet wird, dahin führt, dass man den vertheidigungslosen Feind nicht mehr erschlägt, wird er zum Sklaven gemacht, und nimmt als solcher eben so wenig wie Frau und Kinder am Rechtsverhältniss Theil. Der Herr steht ihm gegenüber noch im Naturzustande; der Krieg glimmt unter dem Frieden, wie man aus dem römischen Gesetz ersehen kann, welches befahl, dass alle Sklaven eines Herrn erschlagen werden sollten, wenn er ermordet wurde, und sie, während dies geschah, nur soweit entfernt waren, dass sie ihn rufen hören konnten[1]). Dieses Gesetz

---

1) *Tacitus*: Annales XIV, 42—44 (XIII, 32).

entsprang, wie *Montesquieu* treffend bemerkt [1]), aus dem Kriegs-
gebrauch, nur dass die Feinde sich innerhalb der eigenen
Gemeinde befanden. Die Behandlung der Sklaven hing sowohl
von der Gesinnung ihres Herrn, als auch von den äusseren
Verhältnissen ab. Man erzählt, dass *Cato* der ältere seine
Sklaven sich unter einander richten liess, also aus gutem Willen ein gewisses Rechtsverhältniss unter ihnen einführte. So
lange Misstrauen vorhanden war und der Herr sich alleinstehend
fand unter Vielen, konnte eine vollständige Sicherheit nicht
eintreten. Die Humanität, womit die Sklaven im Allgemeinen
von den Griechen und Römern behandelt wurden, hatte gewiss
nicht nur ihre Ursache in der menschlichen und liberalen Denk-
weise dieser Völker, sondern auch in der Schwierigkeit, sich
neue Sklaven zu schaffen; umgekehrt entstanden die Martern
der Negersklaven zum grössten Theil aus der Leichtigkeit, mit
der man sich neue verschaffen konnte, wobei es für ihren
Herren vortheilhafter war, sie sich zu Tode arbeiten zu lassen
und dann neue zu kaufen [2]).

Der sittliche Werth der Ablösung der Gewalt durch das
Rechtsverhältniss beruht darauf, dass man dieselbe jetzt durch
Gründe zu stützen gezwungen ist. Das erste Element des Rechts-
wesens ist zwar die Bestätigung der Gewalt durch die Macht
der Gemeinde, welche einen Jeden im Besitz und Genuss dessen,
was er hat, beschützt. Damit verbindet sich aber nothwendiger-
weise eine Regulirung und Ausgleichung aller Zufälligkeiten und
Ungerechtigkeiten. Ein allgemeiner Maasstab und feste Grundsätze zur Entscheidung der einzelnen Fälle werden gesucht;
dies führt aber wieder dahin, dass man Gründe für die einzelnen Einrichtungen geben muss. Die alten römischen Rechts-
gelehrten suchten deshalb die Rechtmässigkeit der Sklaverei
nachzuweisen [3]). Sie gingen von der Ansicht aus, dass es im
Kriege erlaubt sei, seinen Gegner zu tödten; habe man seine
Widerstandsfähigkeit gebrochen und wolle ihn schonen, so sei
er Eigenthum des Siegers. Sie leiteten das Wort servus (Sklave)

---

1) L'esprit des lois XI, 16.
2) *Stuart Mill:* Principles of political economy II, 5, 1.
3) *Hugo Grotius:* De jure belli et pacis III, 7, 5; 11, 16.

von servare (bewahren) ab, und stellten so die Sklaverei als einen Fortschritt der Humanität dar, was sie auch in der That war, im Vergleich mit dem Kannibalismus und der thierischen Raserei gegen den entwaffneten Feind. Diese Begründung wird von den ersten Rechtsphilosophen der neueren Zeit *(Grotius, Hobbes, Locke)* anerkannt. Es blieb dem 18. Jahrhundert vorbehalten, dieser Institution den Todesstoss zu geben. *Montesquieu* warf die ältere Motivirung durch den einfachen Einwand über den Haufen, dass man gegen einen unbewaffneten Feind, der nicht länger Schaden thun kann, vernünftigerweise kein anderes Recht habe, als sich vor erneuter Gefahr sicherzustellen [1].

Durch den Gedankengang, der so in Anregung gebracht worden war, und durch die Begeisterung für die Humanität

---

[1] „Das 17. Jahrhundert hegte keinen Zweifel bezüglich der Sklaverei. *Bossuet* nahm sie ohne Bedenken als eine von der heiligen Schrift autorisirte Thatsache an. *Locke* bekämpfte sie, aber ohne Originalität und Kraft, und behielt sie sogar in gewissen Fällen (bei Kriegsgefangenen und Verbrechern) bei. Die einzige erwähnenswerthe Discussion darüber vor *Montesquieu* war von *Bodinus* im 16. Jahrhundert. Er war der Einzige in diesem Jahrhundert, der seine Stimme gegen die Sklaverei erhob. Im Mittelalter herrschte über diese Einrichtung, welche das Christenthum vernichtet zu haben schien, nur Eine Ansicht. Man muss bis zu den Kirchenvätern und Stoïkern zurückgehen, um einen so lebendigen Protest zu finden, wie im 18. Jahrhundert. Die Kirchenväter, welche sich nur auf die religiöse Gleichheit stützten, und die im Namen des menschlichen Gesetzes zuliessen, was sie im Namen des mystischen und christlichen verwarfen, hatten die Wurzel dieses verwerflichen Uebels nicht ausgerottet. Daher kam es, dass, trotz aller Milderung der Sklaverei, die in Leibeigenschaft verwandelt worden war, Alles zur Erneuerung dieses Uebels, welches wohl verringert, aber nicht vernichtet worden war, bereit war, als die Entdeckung von Amerika und von schwarzen Menschen die Begierde, den Aberglauben und die Unwissenheit darauf hinlenkte. Die Stimme der Doctoren und Theologen, mit Ausnahme von *Las Casas*, erhob sich nicht gegen diesen Angriff auf das Menschenrecht. Man kann deshalb sagen, dass es erst das 18. Jahrhundert war, das der Sklaverei den Todesstoss gab; *Montesquieu* hat diesen Muth und diese Ehre gehabt; aufgefordert von ihm, von *J. J. Rousseau* und Anderen nach ihnen, haben die Nationen Europa's beschlossen, sich von diesem Schandfleck zu reinigen." *Paul Janet: Histoire de la science politique.* 2e éd. II. p. 504—505.

und den Respect vor der Individualität, welche dadurch entstanden, kam man im vorigen Jahrhundert auf die Idee der allgemeinen und angeborenen Menschenrechte, welche von den verschiedenen Parteien und in den verschiedenen Verfassungen verschieden formulirt wurden, und welche *Kant* in seiner Rechtslehre so zusammenfasste: „Freiheit (Unabhängigkeit von eines andern nöthigender Willkür), Freiheit, sofern sie mit jedes anderen Freiheit nach einem allgemeinen Gesetz zusammen bestehen kann, ist das einzige ursprüngliche, jedem Menschen kraft seiner Menschheit zustehende Recht." Dies ist, wie man sieht, dasselbe Princip, welchem *Stuart Mill* in unseren Tagen so energisch und eindringlich in seinem Buch „über die Freiheit" Ausdruck gegeben hat. *Kant* fand die Bedeutung dieses Grundsatzes darin ausgedrückt, dass man jede Beschränkung der persönlichen Freiheit begründen muss, während die Freiheit an sich selbst keiner Motivirung bedarf. Gerade deswegen führt uns dieses Princip über den eigentlichen Kreis des Rechts hinaus. Insofern man im Allgemeinen einen Sinn mit dem Worte „angeborenes Recht" oder „Menschenrecht" verbinden kann, hat es eher eine ethische als eine juristische Bedeutung. Dass Jeder als freie Person behandelt werden soll, ist eine ethische Forderung, die in dieser Form nicht zum äusseren Gesetz wird. Dazu kommt aber, dass eine rein formelle Auffassung dieses Princips gerade dessen Durchführung verhindert. Sie geht davon aus, dass Jeder eine freie Person ist und seinen Mittelpunkt in sich selbst zu haben vermag; dies ist aber gar nicht der Fall. Die Freiheit kann keine „angeborene" sein, sie muss erworben werden. Indem man zu rasch den Menschen für frei erklärt, wird man ihn hindern, es zu werden. Man sah auch bald ein, sobald der Rausch der Begeisterung über die „Menschenrechte" vorbei war, dass es nur wenig nützt, dem Menschen den Rang eines freien Wesens einzuräumen, wenn man ihm nicht hilft, es wirklich zu werden. Hier stellt sich das sociale Problem unserer Tage ein, das in seinen vielseitigen Gestaltungen alle Verhältnisse berührt, die Religion, Wissenschaft und Schule, wie Eigenthum, Industrie und Maschinenwesen. Es ist so umfassend, gerade weil es hier keine einzelne Seite des menschlichen Lebens gilt, sondern die vollständige Entwickelung des persönlichen Lebens Aller. Niemals vorher ist das Bewusstsein von dem, worum es sich handelt, so lebendig gewesen. —

Wir kommen hierdurch zu der Ueberzeugung, dass der Rechtsbegriff dem Begriffe der Pflicht untergeordnet werden muss. Das Recht beruht hauptsächlich darauf, dass die Gesellschaft die Machtstellung den Einzelnen bestätigt. Das Recht kann die Individuen scheiden und bewirken, dass sie die Gesellschaft als Mittel ihrer persönlichen Zwecke ansehen. Im Kampf gegen den Despotismus fand man einen festen Halt im absoluten Eigenthumsrecht des Individuums. Das Eigenthum ist ein Atom! — rief der ältere *Pitt* im Parlamente aus. Aber wir kennen keine absoluten Atome. Kein Atom ist von dem allgemeinen Gesetze des Zusammenhangs, in welchem es sich befindet, gelöst. Und wie das Eigenthumsrecht die Anerkennung der Gesellschaftsautorität voraussetzt, so muss das Eigenthum selbst, vom ethischen Gesichtspunkt aus, als Grundlage eines Pflichtverhältnisses angesehen werden. *Auguste Comte* hat ernsthaft gegen die moderne Scheidung des Privaten von dem Oeffentlichen gestritten; seiner Anschauung nach soll ein Jeder sich als ein Diener der Oeffentlichkeit betrachten. Durch sein Eigenthum ist dem Einzelnen, ebenso wie durch seine äussere Stellung im Ganzen, Gelegenheit und Mittel zur Arbeit im Dienst der kulturhistorischen Bestrebungen angewiesen. Die kulturhistorischen Zwecke umfassen Alles, was zur Entwickelung und zum Fortschritt des Menschengeschlechts nach Innen wie nach Aussen beiträgt. Das Leben und Wirken in der Familie, in der bürgerlichen Gesellschaft, wie im Staat, in Kunst und Wissenschaft, im Bereiche der Industrie, wie des Handels dient zu diesem Zweck. Indem der Einzelne auf diesem Gebiet arbeitet, erkennt er, dass er Glied eines grossen Organismus, Bürger in dem sich hervor arbeitenden Reich der Humanität ist. Er findet sein eigentliches Ich in der Aufgabe, die er innerhalb dieser Entwickelung zu lösen hat. Die Geltung und Bedeutung der Persönlichkeit beruht auf dem Werth der Interessen, für die sie lebt. Das einzelne Individuum kann sich nur behaupten und von dem anderen anerkannt werden dadurch, dass es die Bedeutung dessen, wofür es lebt, darthut. Die wahre Persönlichkeit entwickelt sich unter dem Wirken für Anforderungen und Zwecke, die von der wirklichen Welt gestellt werden. Die Wirklichkeit ist mehr als ein blosser Schauplatz, auf den sich die Individuen stellen, um ihre Geschicklichkeit zu zeigen. Dass die Mönche in der aegyptischen Wüste ihre Zeit mit der Bewässerung trockener Stäbe, die im Sande gepflanzt waren, verbrachten, konnte eine Lection in ascetischer Selbstaufopferung sein und als Symbol der Bedeutungslosigkeit menschlichen Strebens, gegenüber der übernatürlichen Welt, dienen. Aber der Lebensnerv der humanen Ethik ist, wie wir an mehreren Stellen gesehen haben, die innige Verbindung des Einzelnen mit dem Geschlecht, und deshalb auch des Einzelnen mit der wirklichen Welt [1]). Dies Verhältniss darf nicht ein Scheinverhältniss werden, was es unter dualistischen Voraussetzungen immer werden wird. Das Wunder widerstreitet der Ethik, ebenso sehr wie der Physik und der Logik.

Es besteht eine Harmonie zwischen der Persönlichkeit und den ethischen Aufgaben. Die Persönlichkeit entwickelt sich durch die Arbeit im Dienste der Aufgaben, und umgekehrt haben die Aufgaben direct oder indirect die Entwickelung des persönlichen Daseins zu ihrem Inhalt. Eine Gesellschaft besteht aus einer Mannigfaltigkeit, die durch eigenthümliche Gesetze

---

1) *S. Kierkegaard* hat einen vollständigen Gegensatz zwischen Geschichte und Ethik behaupten wollen, und von seinem Standpunkt aus mit Recht. „Gott konnte ohne Unrecht zu thun und ohne sein Wesen, welches die Liebe ist, zu verleugnen, einen Menschen schaffen mit Eigenschaften, wie sie kein Anderer besitzt, ihn an einen einsamen Ort stellen und ihm sagen: Durchlebe nun unter Anstrengungen, wie kein Anderer, das Menschliche, arbeite so, dass die Hälfte davon genügen würde, deine Zeit umzugestalten; und doch soll — verstehst du — all dein Streben keine Bedeutung für irgend einen andern Menschen haben, und doch sollst du — verstehst du — das Ethische wollen, und du sollst — verstehst du — begeistert dafür sein, denn dies ist das Höchste." Uvidenskabelig Efterskrift (Unwissenschaftliche Nachschrift) p. 98. — Vom ascetischen Standpunkt strahlt der Gehoram, der hier die Grundtugend ist, um so heller, je geringer das Resultat ist. Ob man seine Zeit umgestaltet, oder einen trockenen Stab wässert, kommt hier auf dasselbe hinaus. Siehe oben pag. 48—50.

zur Einheit verbunden ist. Je freier und selbständiger die einzelnen Glieder sich bewegen, je mehr sie verschiedene Möglichkeiten verwirklichen, indem sich gleichzeitig die Einheit bewahrt und einen immer innigeren Charakter, eine grössere Geltung erlangt, um so vollkommner wird der gesellschaftliche Verband. Die Idee des Menschengeschlechtes als eines Reiches von Persönlichkeiten, als einer lebenden Einheit individueller Kräfte, ist deshalb die höchste ethische Idee. Nach ihr blickt der ethisch Handelnde, bewusst oder unbewusst, in der einen oder andern Form, wenn er Mittel und Zwecke abwägt und schätzt. Sie ist nicht die Frucht willkürlicher Speculation, sondern ein Ideal, das sich im Laufe der Geschichte für das menschliche Bewusstsein gebildet hat, indem der Gedanke auf künstlerische Weise die Elemente zum Bilde des Vollkommnen aus der unvollkommnen Wirklichkeit holte, ein Ideal, dessen unvollständige, aber fortschreitende Verwirklichung man nachweisen kann.

Der Fortschritt geht nicht gerade vorwärts und nicht alle Glieder des Menschengeschlechtes sind dessen theilhaftig. Dies scheint ein wichtiger Einwand gegen die ganze Idee des Fortschritts. Ueber reactionaire Perioden darf man aber nicht die wesentliche Tendenz, das Gesetz, vergessen, das sich offenbart, wenn man verschiedene Zeiträume mit einander vergleicht; besonders, weil die Reaction selbst ein wichtiges Glied der Entwickelung ist, sie mit neuen Erfahrungen und festeren Formen bereichert. Jede Bewegung ist rhythmisch, aber dies schliesst nicht aus, dass sie vorwärtsschreitend sein kann. „Wo mannigfaltige Elemente an der Bewegung theilnehmen, kehren die Dinge nie in ihre alte Ordnung zurück. Der Rationalismus unserer Tage ist sehr von dem des vorigen Jahrhunderts verschieden"[1]. Und was die Theilnahme der verschiedenen Racen am Fortschritt betrifft, so verhält es sich damit wie in der Thierwelt, wo die Entwickelung der Typen bisweilen auf einem Punkte stehen bleibt, der für andere Gruppen nur ein Durchgangspunkt ist. Der menschliche Embryo zeigt in frühen

1) *Spencer:* First principles. Part II, chap. 10. The rhythm of motion.

Stadien viel Aehnlichkeit mit niedriger stehenden Typen. Ebenso geht es mit der Civilisation der Völker; das eine Volk bleibt auf einer Stufe stehen, die von anderen Völkern als überwundener Standpunkt angesehen wird. So sind viele orientalische Völker auf einer Entwickelungsstufe stehen geblieben, wo das bürgerliche und kirchliche Regiment noch vereint waren. Sieht man von den höheren Culturstufen ab, so kann man wohl sagen, die Stagnation gehört zur Regel, der Fortschritt zu den Ausnahmen. Nur ein geringer Theil der Menschheit hat eine höhere Civilisation erreicht. Während aber eine mehr entwickelte Thierart die weniger entwickelten Arten an ihren Entwickelungsresultaten nicht theilnehmen lassen kann, ist eine solche Mittheilung in der menschlichen Welt möglich. Die europäische Cultur scheint allgemein zu werden und die anderen Culturformen in sich aufzunehmen, obschon die Berührung mit diesen mehr primitiven Culturformen durchgehends gar keinen humanen Charakter gehabt hat. Die Europäer hegen, gegenüber den Bewohnern anderer Welttheile, einen nicht geringen Grad von Selbstgefühl und Nationalstolz, wie die Alten gegenüber den Barbaren. Doch wird auch diese Schranke einst fallen, alle Zuflüsse sich in einen grossen Strom vereinigen und ein einziger Culturzustand alle Bewohner der Erde umfassen. —

Auf dem ethischen Standpunkt hat man nicht Zeit, bei dem Gedanken zu verweilen, wie viel ausgerichtet worden ist („wie wir's so herrlich weit gebracht"), ebensowenig wie man Zeit dazu hat, darüber nachzudenken, wie es hätte anders sein können. Der Druck dessen, was noch zu thun ist, wird gewöhnlich so stark sein, dass die Menschen nur widerstrebend einräumen, sie seien glücklicher als ihre Vorfahren. Die gute alte Zeit, von deren Lastern und Leidenschaften man kein lebendiges Gefühl hat, an deren Tugenden und gute Seiten man aber glaubt, wird gewöhnlich auf Kosten der Neuzeit gepriesen. Die Menschen haben sich immer im eisernen Zeitalter gefühlt und das goldene Zeitalter in die Vorzeit verlegt. Unsere Zeit scheint besonders die des Pessimismus zu sein. Dafür kann man verschiedene Gründe angeben. Die grossen politischen und socialen Reformen im letzten Jahrhundert wurden mit Erwartungen eines goldenen Zeitalters begrüsst, die sich nicht

erfüllt haben, — zum Theil aus dem einfachen Grund, weil
diejenigen, welche frei wurden, natürlicher Weise der Erziehung entbehrten, welche die Freiheit allein verleihen kann.
Der grosse Aufschwung des Handels und der Industrie
wurde nicht von einer ebenmässigen Vertheilung alles erwor-
benen Guten begleitet. Die vorgeschrittene intellectuelle Cultur
hat ein Nachdenken und Bewusstsein hervorgerufen, das
die Naturvölker entbehren, und das oft den freien und
vollen Genuss des Werthvollen im Leben verhindert, während
es das Gefühl für das Disharmonische und die Schatten-
seiten desselben verschärft. In ethischer Beziehung ist jedoch
hierdurch ein grosser Fortschritt gemacht: die Sympathie für die
Leiden Anderer ist inniger geworden. Man muss persönliche
Erfahrungen des Schmerzes gemacht haben, damit die Sympathie mit dem Schmerz Anderer die rechte Stärke und Ausdehnung erhält. Das durchdringende Bewusstsein von dem,
was noch zu thun ist, setzt die Vorstellung des hohen noch zu
erreichenden Zweckes voraus. Der Pessimismus selbst wird
daher, wenn er nicht blos das Erzeugniss getäuschter Erwartungen der raffinirten Genusssucht ist, zu einer klareren Auffassung der Bedingungen des menschlichen Lebens und zu dem
Gefühle führen, wie wichtig es ist, auf deren Verwirklichung
hinzuarbeiten. In dem ethischen Princip, das im Vorhergehenden entwickelt worden, ist die Möglichkeit gegeben, die Arbeit
mit dem Genuss zu versöhnen, die Moral der Pflicht mit der
des Nutzens. Die ethische Grundaufgabe besteht, wie wir gesehen haben, darin, die Harmonie sowohl in der individuellen
Persönlichkeit, als auch zwischen den einzelnen Personen der
Gesellschaft zu entwickeln; und das höchste Glück besteht gerade in einer solchen Harmonie, in der Entwickelung der persönlichen Kräfte zu übereinstimmender Gegenseitigkeit.

Das ethische Verhältniss wird nicht wieder verschwinden,
so lange die Grundbedingungen des menschlichen Lebens dieselben bleiben. Es verdankt sein Entstehen und seine Thätigkeit in der Menschheit bestimmten Bedingungen; diese Bedingungen aber sind, wie wir gezeigt haben, dieselben, worauf
das Bestehen und die Entwickelung des Geschlechtes beruhen.
Die Gestalten, in denen das Ethische hervortritt, können wech-

seln, ohne dass dieses sein inneres Wesen verändert. Wenn es freilich nur in dem Verhältniss zu den äusseren Autoritäten bestände, würde seine Rolle ausgespielt sein, sobald die Emancipation siegt; dann würden wir dessen Auflösungsprocess erleben. Die fortschreitende Cultur bewirkt, dass der Mensch jede Autorität überwindet, und wenn er mit dieser Alles verwirft, was im Laufe der Zeit in ihrem Schutze gediehen ist, dann muss auch das Ethische verschwinden. In der blasirten Stimmung, welche beim Untergang eines grossen Principes leicht entsteht, darf man aber nicht das schliessliche Resultat des Entwickelungsprocesses sehen. Eine genauere Untersuchung des psychologischen und historischen Grundgesetzes der Ethik führt nicht allein zur Anerkennung ihrer grossen und dauernden Bedeutung, sondern auch ihres innigen Zusammenhanges mit den Grundgesetzen des Menschenlebens. —

V. Die Freiheit des Willens.

Die Anerkennung des ethischen Gesetzes unterscheidet sich
von theoretischer Einsicht und ästhetischer Anschauung dadurch,
dass sie Ansprüche an uns erhebt. Hierbei entsteht die Frage,
ob der Mensch diesen Ansprüchen Folge geben kann, oder die
Frage über die Freiheit des menschlichen Willens. Auch dies
ist ein Problem, welches die Grundlage der Ethik betrifft, weshalb wir noch eine kurze Andeutung geben müssen, wie dies
von dem Standpunkt, den wir vorher angegeben haben, aufzufassen ist. Diese Untersuchung wird, wohlüberlegter Weise,
erst jetzt angestellt, denn so bestreitbar die Fragen auch sein
mögen, mit denen wir in den vorhergegangenen Kapiteln uns
beschäftigt haben, so scheint doch das Problem über die Freiheit des Willens von einer besonderen Schwierigkeit zu sein.
Dies hat zum Theil seinen Grund darin, dass die Psychologie
des Willens noch so wenig aufgeklärt worden ist; der Wille ist
vielleicht die am meisten verwickelte Seite des menschlichen
Wesens, bei der viele bekannte und unbekannte Factoren eine
Rolle spielen, während man der Entwickelung des Gefühlslebens
und der Erkenntniss einfacher und leichter folgen kann. Besonders aber ist es daraus zu erklären, dass man im Allgemeinen glaubt, diese Frage ganz ausserordentlich gut zu verstehen,
weshalb man sich sehr leicht durch die abweichenden Resultate
einer theoretischen Untersuchung zurückgestossen fühlt. Das
vermeintliche Wissen hindert nicht allein dadurch das Entstehen
einer richtigen Einsicht, dass es den Trieb danach ausschliesst,

sondern auch dadurch, dass es Gefühle begünstigt, die es unmöglich machen, die Sache vorurtheilsfrei zu betrachten. Ueberall wo wir eine Sache zu verstehen und erklären suchen, müssen wir uns zurückwenden zu dem grossen Zusammenhange, innerhalb dessen sie entstanden ist. Wir müssen ihre Entwickelung und ihr Verhältniss zu anderen Dingen, mit denen sie verkettet ist, in Betracht ziehen. Diese Methode haben wir bei den vorangegangen Untersuchungen befolgt und wollen sie auch jetzt anwenden. Indem man die Entwickelung der Dinge so ansieht, entdeckt man leichter die Elemente ihres Wesens. Die verschiedenen Stadien der Entwickelung werden dadurch bezeichnet, dass neue Elemente an die früher gegebenen sich anreihen, und dadurch, dass die Verbindung der gegebenen Elemente einen anderen Charakter annimmt. Hierin liegt denn, dass wir, um eine Sache zu verstehen, dieselbe auflösen (analysiren) müssen. So wie sie als entwickeltes und abgeschlossenes Ganzes dasteht, ist sie unbegreiflich. Sie muss zertheilt und jeder Theil für sich in Augenschein genommen werden; wir werden dann sehen, ob wir das Zusammenwirken der Theile verstehen können, um so wieder zu vereinigen, was wir getrennt hatten. Oft geht es der Forschung, wie den Kindern mit dem Spielzeug, welches sie zerbrechen, um dessen verborgenes Wesen zu studiren, es dann aber nicht wieder zusammenfügen können. Diese Gefahr wird reichlich aufgewogen, wenn wir nur durch den Untersuchungsprozess einige neue Elemente kennen lernen. Der erste Schritt ist gethan und kann viele nach sich ziehen; wir können ja nicht erwarten, das Ziel an einem Tage zu erreichen. Die unmittelbare Auffassung fühlt sich abgestossen und unangenehm berührt von dieser Auflösung eines abgeschlossenen auf sich beruhenden Ganzen, und auf jedem Gebiet hat der forschende Gedanke einen harten Streit auskämpfen müssen, um sein Recht zu wahren. Es will scheinen, als bedrohe die Forschung jede Individualität auf Leben und Tod. Die leblose Welt betreffend, will man jetzt nicht länger Einspruch gegen die Anwendung der Analyse erheben, da es sich hier nicht leicht um Individuen handelt. Nur in der Phantasie erscheint ein Berg oder eine ferne Insel als ein individuelles Wesen. Im Organismus glauben noch viele ein absolutes Individuum zu haben, obschon *Goethe's* Ausspruch „Kein Lebendiges ist eins, immer ist es vieles" von den durch die Wissenschaft erlangten Resultaten vollständig bestätigt worden ist, und nicht blos für den Organismus als Ganzes, sondern auch für dessen Theile gilt; selbst die Zelle, in der man einst das eigentliche Individuum gefunden zu haben glaubte, ist eine kleine Welt — und so fort ins Unendliche.

Sollen wir daher den Begriff der Individualität aufgeben? Löst sich dann die Natur nicht in ein Chaos auf, indem unzählige Elemente untereinander herumfliessen und nur für Augenblicke sich verbinden, um scheinbar feste und bestimmte Geschöpfe zu bilden? Dieser Schluss entsteht nur aus der Abneigung der Phantasie, der Idee der unauflöslichen Einheit, womit sie die Dinge begabt hat, entsagen zu müssen. Mit viel grösserem Recht, können wir das Verhältniss umwenden und sagen: das ganze Schaffen der Natur ist individualisirend. Die analysirende Forschung sucht nur nach den Elementen, die zu eigenthümlichen Ganzen in der Natur vereinigt sind. In allen verschiedenen Stadien des Naturlebens bilden sich Mittel- und Knotenpunkte, von denen eigenthümliche Kräfte ausgehen. Die Natur jeder einzelnen dieser eigenthümlichen Kräfte gründet sich auf das bestimmte Wechselverhältniss zwischen dem gegebenen Mittelpunkt und den damit verbundenen Bedingungen. Bereits in der leblosen Welt bilden sich kleine Kreise, die auf eigenthümliche Weise die von Aussen kommenden Einwirkungen modificiren. Man denke z. B. an den Zustand der Stoffe und deren Abhängigkeit von Temperatur und Druck; in diesem bestimmten Verhältniss zu den Umgebungen liegt etwas Individuelles. Grössere Selbständigkeit, und also auch eine weiter und tiefer gehende Wechselwirkung mit ihrer Umgebung, finden wir erst bei lebenden Wesen, die deshalb eine höhere Stufe der Individualisation bezeichnen. Ein lebendes Wesen kann durch das freiere und innigere Verhältniss zwischen seinen Elementen sich in viel höherem Grade nach den Umgebungen richten, ja sogar auf einer höheren Stufe die Umgebungen sich anpassen. Die neuere Wissenschaft, die besonderes Gewicht auf das Verhältniss des Organismus zu dessen Daseinsbedingungen legt, hat dadurch den Weg zu einer vollkommeneren Auffassung der Individualität gebahnt, welche man früher oft als eine isolirte Einheit ansah.

In der Reaction gegen die gegebenen Bedingungen tritt die Individualität zu Tage. Das Individuelle ist keine Substanz, sondern eine Function. Die grössere oder geringere Mannigfaltigkeit der Wechselwirkungen giebt den Maasstab dafür ab, wie hoch ein Wesen in der Reihe der Dinge steht. Durch diese Wechselwirkung erfolgt, wahrscheinlichen Hypothesen zu Folge, der Uebergang von den niederen zu den höheren Formen. Der Kampf um das Dasein besteht darin, dass das Individuum seine Eigenthümlichkeit unter gewissen Verhältnissen behauptet; er ist also ein Kampf für die Individualität.

Von diesem Gesichtspunkt aus scheint das geistige Leben in genauem Zusammenhang mit der Entwickelung der ganzen Natur zu stehen. Es bezeichnet die höchste bekannte Stufe der Individualisation. Bewusstsein ist die Bedingung dafür, dass das Wechselverhältniss zur Welt einen umfassenderen tiefergehenden Charakter annimmt. Die verschiedenen von aussen kommenden Eindrücke werden zusammengefasst, erinnert und combinirt. Die verschiedenen Arten von Eindrücken werden unterschieden, damit die Reaction eine genügende Antwort auf die Einwirkung geben kann. Jenes Sammeln sowohl, wie dieses Unterscheiden kann nur im Bewusstsein geschehen. Die verschiedenen Stadien der Entwickelung des Bewusstseinslebens — „von dem Eingeweidewurme in einem organischen Gewebe bis zu einem *Newton* oder *Shakespeare*, deren Gedanke die Welt umfasst" — sind auch Stadien der Entwickelung der Individualität.

Das menschliche Individuum ist durch seine ganze Organisation befähigt, mit seiner Umgebung in ein reicheres Wechselverhältniss zu treten, als andere lebende Wesen. Doch ist auch das ursprünglich nur ein Seitenweg, auf welchem die Bewegung von aussen weiter geleitet wird, ohne dass im Individuum selbst etwas anderes geschieht, als eine mechanische Fortpflanzung des Eindrucks vom Sinnesorgan an das Centralorgan und von diesem an das Bewegungsorgan. Dies ist der Fall bei den sogenannten Reflexbewegungen. Hier folgt die Bewegung unmittelbar auf den Eindruck, z. B. wenn die Pupille unter dem Eindrucke eines

starken Lichts zusammengezogen wird, oder wenn Jemand ohne
es zu wissen eine Fliege fortjagt, die sich auf seine Wange gesetzt hat, während er in seine Arbeit vertieft ist. Solche Bewegungen sind gewissermassen Folgen oder Reflexe äusserer
Einwirkungen, können also auch ausgeführt werden, wenn man
das Individuum der wichtigsten Organe des bewussten Lebens
beraubt hat, was die vielen, allgemein bekannten, Versuche
mit Fröschen und Salamandern beweisen. *Robin* sah wie der
Arm eines enthaupteten Verbrechers eine abwehrende Bewegung
machte, als man seine Brust mit einem Scalpell kratzte. Selbst
wenn die Bewegung vom Individuum selbst ausgeht, wie bei den
spontanen absichtslosen Bewegungen, durch die das Nerven-
system eine Ableitung seiner erhöhten Energie sucht (siehe oben
Seite 4), hat sie nur einen rein mechanischen Charakter. Und
doch können wir in dem Vermögen zu spontanen oder reflexen
Bewegungen den Keim erkennen, aus dem der Wille sich entwickelt, ohne dass es uns möglich ist, den Punkt zu bezeichnen,
wo das Unwillkürliche aufhört und das Willkürliche anfängt.
Vom Willen sprechen wir erst, wenn ein fester und zusammen-
hängender Kreis von Vorstellungen und Gefühlen, durch welche
das Handeln des Individuums bestimmt wird, sich gebildet hat,
so dass der empfangene Eindruck oder spontane Impuls nicht
unmittelbar sich in eine nach Aussen sich erstreckende Thätigkeit verwandelt.

Bevor sich ein solcher fester Kern gebildet hat, ist das
Individuum kein eigentliches Ich. Der Punkt, wo ein solches
vorhanden ist, wird durch eine lange Entwickelung, die mit
sehr wenigen und sehr dunkeln Vorstellungen und Gefühlen anfängt, erreicht. Einige Physiologen glauben sogar, dass auch
bei den blosen Reflexbewegungen eine Empfindung stattfindet,
obschon sie nicht zum Bewusstsein kommt. Soviel ist in jedem
Fall sicher, dass man keine scharfe Grenze zwischen willkürlichen und unwillkürlichen Bewegungen ziehen kann. Selbst
wenn Wahrnehmungen und Vorstellungen zwischen dem Eindruck und der darauf folgenden Handlung auftreten, können
diese in sofern rein mechanisch genannt werden, als das
eigentliche Ich, das heisst der ganze Umfang von Gedanken
und Gefühlen, die im Bewusstsein des Individuums vorherrschen,

gar nicht zur Thätigkeit kommt. Das ist der Fall bei allen Handlungen, die aus Gewohnheit vorgenommen werden, wobei wir nach einer deutlichen Vorstellung handeln, ohne dass dieselbe mit dem übrigen Vorstellungskreis in Wechselwirkung tritt. Dies ist im Ganzen in „unbewachten Augenblicken“ der Fall, wo die Aufmerksamkeit nicht erregt ist; wir thun dann etwas Anderes, als wir eigentlich wollen. Aber je grössere Bedeutung der Zeitraum zwischen Antrieb und Handlung bekommt, desto mehr Ursache hat man, von Willen zu reden. In dieser Zwischenzeit kann der Antrieb mit dem übrigen Inhalt des Bewusstseins in Verbindung gebracht werden, und auf den Seelenzustand im Ganzen wirken. Welche Gedanken und Gefühle in den einzelnen Fällen geweckt werden, beruht theils auf den allgemeinen psychologischen Gesetzen für die Verbindung und Reproduction der Vorstellungen, theils auf dem angeborenen Temperament des Individuums, theils auf seinem im Laufe des Lebens entwickelten Charakter. Eine Wirkung kann nie aus einer einzelnen Ursache entstehen, sondern setzt eine ganze Reihe von Bedingungen voraus. Die Handlung erfolgt aus der Weise, auf welche die Natur des Individuums durch den Eindruck modificirt wird. Je beschränkter der Umfang der Gedankenwelt des Individuums ist, desto weniger Möglichkeiten bietet das Bewusstsein, und um so unmittelbarer führt der Eindruck zur Handlung. Je schwieriger es ist den Kreis der Vorstellungen zu erregen, so dass die Bilder der Erinnerung herantreten können, oder der Gedanke sich auf die Zukunft, oder, im Ganzen genommen, auf Gegenstände, die der im Augenblick gegebenen Lage fern sind, wenden kann, desto weniger ist der Wille entwickelt. Deshalb sind Kinder und Wilde Kinder des Augenblicks und lassen sich unmittelbar vom ersten, besten Antriebe hinreissen. Reisende heben als charakteristische Eigenschaft der Wilden den Mangel an Vermögen zu steter ausdauernder Arbeit, die erst in der Zukunft sich lohnt, hervor. Ihre Gefühle werden rasch geweckt, können aber nicht andauernd sein. Sie haben, wie man sagt, den Verstand von Kindern und die Leidenschaften von Männern. Ohne Erinnerung giebt es keinen Zusammenhang im Bewusstseinsleben und deswegen kein eigentliches Ich. Anstatt zwischen willkürlichen und unwillkürlichen Bewegungen einen Unterschied zu machen, könnte man deshalb zwischen Bewegungen, die Erinnerung und Besinnung voraussetzen, und solchen, die unmittelbar und ohne Bedenken entstehen, unterscheiden. *Wundt* hat mit Recht hervorgehoben, dass Thiere, die ohne die Centralorgane des Bewusstseins sind, keine Erinnerung haben, was man sieht, wenn man einige Zeit zwischen den Versuchen vergehen lässt. Dieselben unzweckmässigen Bewegungen werden wieder gemacht, ehe die zweckmässigen gefunden sind. Die Grenze ist beim Menschen aber veränderlich, indem Handlungen, die erst mit Besinnung ausgeführt werden, später ohne alles Nachdenken geschehen.

Der Wille setzt also Ueberlegung voraus. Der beabsichtigten Handlung geht im Bewusstsein ein Kampf zwischen den verschiedenen Möglichkeiten, den verschiedenen Antrieben zum Handeln voraus; und der Gegenstand des Wollens wird der Antrieb, der die anderen besiegt. Je reicher und stärker entwickelt das Bewusstseinleben ist, um so mehr kann man die Handlung eine vom Individuum selbst ausgehende nennen, indem sie entschieden durch seine Natur bestimmt ist. Der feste Kern, der sich im Bewusstsein gebildet hat, wird sich bei jeder wesentlichen Handlung, die geschehen soll, geltend machen und derselben seinen Stempel aufdrücken. Es hat sich, mit anderen Worten, ein Charakter, eine Persönlichkeit gebildet. Die Vernunft hat sich, wie *Hamlet* sagt, mit dem Triebe des Blutes vereinigt „so dass das Glück auf ihm nicht, wie auf einer Flöte, jede beliebige Melodie spielen kann". Der Entschluss ist nicht ein unmittelbarer Ausschlag, sondern die Frucht eines Processes, der im innersten Wesen des Individuums vor sich gegangen ist, und wozu alle Elemente desselben ihren Beitrag gegeben haben.

Jeder Entschluss entsteht aus den vorhandenen psychologischen Voraussetzungen mit derselben Nothwendigkeit, wie die Wirkung sonst aus der Ursache entspringt. Es ist keine äussere Macht, die den Menschen überwältigt; seine eigene Natur, sein eigenes Ich macht sich geltend durch die stärksten Motive in einer eigenen, durch die Verhältnisse bestimmten Form. Der Mensch selbst ist es, der handelt. Der Handelnde kann das Gefühl haben, dass keins der Motive, das sich in seinem Bewusstsein eingeprägt hat, ausreichende Ursache zum Handeln ist. Dies zeigt nur, dass man tiefer auf den Grund gehen muss, um die Ursache der Handlung zu finden. Hinter den bewussten liegen die unbewussten Beweggründe, ererbte oder erworbene Anlagen, die einen entscheidenden Einfluss auf unsere Handlungen ausüben. Hieraus folgt, dass wir nur nach und nach durch Erfahrung unsern eigenen natürlichen Charakter kennen lernen; durch das, was wir thun, erfahren wir, wie *Schopenhauer* sagt, was wir sind, — und oft werden wir im hohen Grad überrascht durch die Entdeckungen, die wir auf diese Weise machen.

Im Wesen des Menschen liegt, wie wir schon gesehen haben, ursprünglich ein Trieb zur Thätigkeit; die Art und Weise, wie er sich äussert, wird durch die aus der Hand der Natur und des Geschlechtes empfangene Organisation bestimmt. Die Erfahrungen und Handlungen des Individuums hinterlassen auch Spuren und Nachwirkungen, die sich als Anlagen und Neigungen in gewissen Richtungen zu erkennen geben. Wir beginnen also niemals bei unsern Handlungen absolut von vorn. Als Glied in einem grossen Zusammenhange und in einer unendlichen Entwickelungsreihe habe ich meinen bestimmten Ausgangspunkt und meine bestimmten Voraussetzungen, die Eins mit meinem individuellen Wesen und ursprünglichen Charakter sind. Deshalb ist die Freiheit des Willens vollständig illusorisch, wenn man darunter ein Vermögen versteht, eine Handlung absolut zu beginnen — Ursache zu sein, ohne Wirkung zu sein. Eine Ursache ohne Wirkung, die also ihre eigene Ursache ist (causa sui), kann nur ein absolutes Wesen sein, das über alle Bedingungen erhaben, von der gesetzmässigen Ordnung der Dinge losgerissen ist. Allein ein solches Wesen ist für uns unbegreiflich. Dies haben scharfsinnige Vertheidiger der absoluten Freiheit des Willens auch eingesehen; für sie ist diese ein Postulat, für das man keinen Grund finden kann. Wie sehr man aber auch die Begrenzung der menschlichen Erkenntniss anerkennt, so kann man doch nicht mitten in der Welt der Phänomene die Verbindung abbrechen. Wird der Zusammenhang auch nur an einem Punkt zerstört, so wird alle Gesetzmässigkeit, alle Erkenntniss der Natur verschwinden. Entweder muss man den Menschen zu einem Gott machen, oder einräumen, dass er nach bestimmten Gesetzen, die bis zu einem gewissen Grade uns verständlich sind oder werden, entsteht und sich entwickelt. Die Erfahrung lehrt uns deutlich, dass er ein endliches Wesen ist, obgleich der individualisirende Process der Natur in ihm den höchsten Punkt erreicht hat. Die Individualität beruht hier wie überall darauf, dass sich innerhalb eines grösseren Kreises ein kleinerer, relativ abgeschlossener Kreis bildet, und dass die von Aussen kommenden Einflüsse durch die für den kleineren Kreis geltenden Gesetze modificirt werden.

Eben so gewiss als wir unsern Charakter erst durch unsere Handlungen kennen lernen, eben so sicher ist es auch, dass unsere Handlungen umgekehrt dazu beitragen, unsern Charakter zu bestimmen und zu entwickeln. Es ist eine physiologische Thatsache, dass die Structur eines Organs durch Uebung ausgebildet wird. Das Resultat der Thätigkeit ist nicht bloss das nach Aussen vollendete Werk; es ist die erhöhte Geschicklichkeit, die in einer Richtung mehr entwickelte Anlage, welche das Individuum erlangt hat. Jedes Gefühl, jeder Beschluss, jede Handlung fügt einen Stein zum Aufbau des menschlichen Charakters. Wenn nun eine solche geistige Entwickelung erreicht ist, dass das Individuum sich dieser Rückwirkung bewusst werden kann (indem es anfängt, der sokratischen Forderung: „Kenne dich selbst", zu gehorchen), so wird es auch versuchen, den Verlauf der Vorstellungen, Gefühle und Entschlüsse in die Richtung zu leiten, die es für die beste hält. Der Mensch steht der inneren Natur ebenso gegenüber, wie der äusseren. Er kann kein Wunder thun. Er kann nicht in den Gang der Dinge eingreifen, um sie zu seinen Zwecken zu verwenden, wenn er nicht die Bedingungen kennen lernen kann, unter welchen die Dinge entstehen und wirken: kann er diese Bedingungen hervorbringen, dann kann er auch die Naturerscheinungen nach seinem Willen leiten, z. B. den Blitz ableiten, oder wenigstens ihr Eintreffen vorhersehen und Massregeln gegen die Folgen derselben treffen. Auf gleiche Weise geht es ihm in Bezug auf sein eigenes Wesen. Auch hier kann er keine Wunder thun oder ausüben. Kennt er sich selbst genau, das heisst, weiss er, wie die Umstände und Verhältnisse auf sein Wesen einwirken, so kann er versuchen, diese Verhältnisse zu verändern, um dadurch auch seine eigenen Vorstellungen und Gefühle zu ändern und in eine gewisse Richtung zu leiten. Wie weit er auf diesem Wege kommen kann, wird ihn nur die Erfahrung lehren können. Die Grenze wird jederzeit durch die ursprünglichen Anlagen in der Natur des Menschen bezeichnet sein, und nur aus Fantasterei überschritten werden. Auch hier zeigt sich in der Begrenzung die Meisterschaft. Vieles, was unmittelbar unmöglich scheint, kann, wenn nicht direct, so doch indirect erreicht werden. Wir können nicht unmittelbar auf die Bewegungen des Herzens einwirken, aber, indem wir den Athem anhalten und den Brustkasten zusammendrücken, oder auch durch chemische Mittel können wir, wenn wir wollen, die Bewegungen desselben modificiren. — „Kann man nicht über den atlantischen Ocean wie über einen Graben springen, so kann man doch über ihn segeln, und obgleich man dem Columbus versicherte, dass dies unmöglich sei, und jeder, der es versuche, umkommen müsse, that er es doch und kam nicht um. Auf gleiche Weise sind Charakterveränderungen möglich, aber nur innerhalb der Grenzen eines gewissen Naturels, und auch hier verlangt die Ausführung Zeit, Muth und Beharrlichkeit." (Fortlage.)

Alles beruht darauf, ob die Aufmerksamkeit und das Interesse erregt sind. Im Bereich der Erkenntniss wird der Mensch zuerst unmittelbar von den Eindrücken und den von ihnen hervorgerufenen Ideenverbindungen geleitet. Diese haben jedoch oft gar nichts mit dem wirklichen Zusammenhang der Dinge zu thun. Wird er durch Erfahrung zu dieser Einsicht gebracht, so wird seine Aufmerksamkeit geweckt und er bestrebt sich, seine Vorstellungen so zu bilden und zu verbinden, dass sie der Wirklichkeit entsprechen. Das Bewusstsein ist niemals ganz passiv. Die Activität ist Bedingung für die Receptivität. Die Aufmerksamkeit, die von so grosser Bedeutung für die Erkenntniss ist, ist bereits ein Wille. Eine schmerzliche Erfahrung ist oft die Bedingung, unter der sie geweckt werden muss.

Sowohl auf dem Gebiete der Handlung als auf dem der Erkenntniss wird der Mensch durch Schaden klug. Die Herrschaft des unmittelbaren Naturtriebs muss oft geradezu zum Streit mit dem führen, woran der Mensch, als an seiner rechten Aufgabe, seinem wahren Zwecke, festhält, ehe ein eindringliches Bewusstsein der Bedeutung der Handlungen entstehen kann. Wenn der Gedanke erwacht ist und das Bewusstsein von einem höheren Gesetz sich gebildet hat, dann ist ein neuer Trieb im Menschen entstanden, der nach und nach seine Handlungsweise zu beherrschen sucht. Nur allmählich wird der Widerspruch zwischen den beiden Tendenzen deutlich; die Versuchung selbst wird in Folge der Ideenassociation die Vorstellung von dem Gesetz, gegen das sie streitet, erwecken und dadurch einen Kampf ermöglichen. Die durch den augenblicklichen Eindruck erweckte Leidenschaft wird lange das Bewusstsein von dem wesentlichen Gesetz verdunkeln.

„Noch ist bei tiefer Neigung für das Wahre,
   Ihm Irrthum eine Leidenschaft."   (Göthe.)

Die Bedingung, unter welcher die Vorstellung eines wesentlichen Gesetzes sich bilden kann, besteht, wie wir früher nachgewiesen haben, darin, dass das Individuum sich in den Gedanken von dem grossen Ganzen, dem es angehört, eingelebt hat. Dies geschieht durch die Erziehung, und deshalb ist diese auch die Vorbedingung der Selbstbildung. Der Mensch muss geleitet werden, um sich selbst leiten zu können. Die Freiheit in der Bedeutung von Vermögen zu Selbsterziehung kann nur entstehen, wenn diese Bedingung erfüllt ist. Hier sehen wir wiederum, wie eng der Einzelne mit dem Ganzen verbunden ist; was er vermag, ist durch sein Verhältniss zu jenem bedingt. Nur das vollständig entwickelte Individuum ist frei in der Bedeutung, wie wir dies Wort auffassen.

Um die Annahme der absoluten Freiheit als Vermögen, Ursache zu sein, ohne Wirkung zu sein, zu vertheidigen, beruft man sich in der Regel theils auf das allgemeine Bewusstsein, das unmittelbare Gefühl, theils auf die Reue und Zurechnungsfähigkeit.

Das unmittelbare Bewusstsein und Gefühl kann hierbei nicht entscheiden. Es lehrt uns nur, was wir fühlen und uns vorstellen, aber nicht wie diese Gefühle und Vorstellungen entstanden sind, oder in welchem Verhältniss sie zum wirklichen Zusammenhang stehen. Es begründet keine Theorie weder in der einen, noch in der andern Richtung; erst der reflectirende Gedanke stellt das Problem auf und sucht nach einer Erklärung.

Das unmittelbare Bewusstsein hat nicht Unrecht zu behaupten, dass wir selbst Ursache unserer Handlungen sind; es hat Unrecht darin, dass wir absolute Ursache sind, Ursache ohne Wirkung zu sein. Es nimmt dies an, weil es sich nicht von Aussen gezwungen, oder in Bewegung gesetzt fühlt, wenn es einen Beschluss fasst, ebenso wie man annimmt, die Erde stehe stille, weil man keine Bewegung derselben spürt. Wir fühlen selbst nicht die Bewegung unseres Willens, ebensowenig, wie wir die der Erde fühlen, beiderseits schliessen wir auf eine Bewegung. Nirgends gibt es etwas, das bewegt, ohne bewegt zu werden.

Wir haben früher nachgewiesen, dass die höhere Lebensstufe über die niedrigere urtheilt. Ebenso wie die Weltgeschichte ein Weltgericht ist, ebenso ist auch die Lebensgeschichte eines einzelnen Menschen das Urtheil über ihn selbst. Wir schätzen unser früheres Handeln nach der vollkommneren Erkenntniss und dem gesteigerten Gefühl für das Rechte, das wir seitdem erlangt haben. In einer ruhigen harmonischen Stimmung fällen wir das Urtheil über das, was wir thaten, als die Leidenschaften uns beherrschten. Wir legen somit einen Maasstab für uns selbst an, von einem anderen Standpunkt aus, als dem, von dem aus wir handelten. Den Schmerz, der durch das Gefühl des Widerspruches zwischen unserem wirklichen und idealen Handeln hervorgerufen wird, nennen wir Reue. Die Reue wird also verständlich und tritt in ihrer grossen ethischen Bedeutung hervor, selbst wenn wir keine absolute Freiheit annehmen. Sie besteht unserer Auffassung nach in dem durchdringenden peinlichen Gefühl, noch nicht weiter gekommen zu sein. Wie stark und innig dies Gefühl ist, kommt auf die Stärke und Klarheit an, mit der die Vorstellung des Ideals, des verpflichtenden Gesetzes hervortritt. Die Reue zeigt vorwärts, sie ist die Geburtswehe des ethischen Charakters, ein Beweis unserer Anlage zur Entwickelung. Sollte sie voraussetzen, dass wir unter gegebenen Verhältnissen hätten anders handeln können, so wäre es jedenfalls nutzlos, bei dieser Betrachtung zu verweilen, und *Fichte* hätte Recht in seiner energischen Aeusserung, dass wir keine Zeit zum Bereuen haben. Der Werth der Reue beruht theils darauf, dass die Vorstellung von dem Rechten durch das tiefe Gefühl für das Unrechte klarer und stärker wird, theils auf der genaueren Selbstkenntniss, die der Mensch durch sie erlangt. Das Geschehene kann nicht ungeschehen gemacht werden, aber die neuen Möglichkeiten, die sich durch die Selbstkenntniss eröffnen, wirken anspornend und vorwärts treibend. Vom Standpunkt der humanen Ethik aus kann es heissen: felix culpa (glückliche Schuld)!

Was endlich die Zurechnungsfähigkeit betrifft, so kommt es darauf an, dass der Mensch so entwickelt ist, dass sich ein Ich gebildet hat, ein fester Kern seines Bewusstseins, das sein Handeln leiten kann. Selbst wenn ich eine noch so erschöpfende Erklärung meines Handelns geben, den Zusammenhang und die Nothwendigkeit aller Beweggründe begreifen kann, muss ich sie doch verwerfen und mir zuschreiben, wenn ich sie im Zwiespalt mit dem finde, was ich als das höchste Gesetz menschlichen Handelns erkenne und wenn ich bei voller Vernunft war, als ich es unternahm. Die Beweggründe waren mir nicht fremd; sie waren der Ausdruck meines Wesens und gingen unter den gegebenen Verhältnissen mit Nothwendigkeit aus ihm hervor. Wenn ich in einem einzelnen Augenblick so handeln könnte, dass die Handlung gar nichts mit meinem wirklichen Wesen zu thun hätte, nicht nothwendiger Weise aus demselben hervorging, so würde meine Persönlichkeit sich in viele Theile spalten. Wohl unterscheidet man mit Recht zwischen des Menschen eigentlichem Ich oder dem wahren Willen und der Art, in der sich derselbe beim wirklichen Handeln zeigt, und der Apostel Paulus sagt sogar: „Denn das Gute, was ich will, thue ich nicht; aber das Böse, das ich nicht will, das thue ich; so ich aber thue, das ich nicht will, so thue ich es nicht, sondern die Sünde, die in mir wohnt." (Brief an die Römer VII, 19—20.) Man muss jedoch einen bildlichen Gegensatz nicht mit einer wirklichen Sonderung verwechseln. Was wir das eigentliche wahre Ich nennen, könnte man auch das ideale Ich nennen, der Charakter, wie er sein soll, wenn er von seinen Unvollkommenheiten befreit wäre. Aber es hat keinen Bestand, ausser in dem wirklichen Ich selbst. Unsere Fehler sind „die Fehler unserer Tugenden", und nur um uns selbst zu entschuldigen, nehmen wir unser besseres Ich für unser eigentliches an.

Die Zurechnungsfähigkeit weist ebenso wie die Reue vor-

wärts, nicht rückwärts. Dass ich mich für zurechnungsfähig in
Bezug auf eine gewisse Handlung halte, will sagen, dass ich
die Verpflichtung fühle, weiterzuarbeiten, um mich über die
Unvollkommenheit zu erheben, welche die Handlung an den
Tag gelegt hat. Ich fühle mich einer erneuten Erziehung an-
heimgegeben. Freiheit in Bedeutung von Vermögen zur Selbsterziehung ist, wie wir bemerkt haben, erst dann möglich, wenn
eine Erziehung vorhergegangen ist. Sie ist ein Vermögen, das
gewisse bestimmte Bedingungen voraussetzt. Wenn Klarheit
und Lebendigkeit des Bewusstseins, sei es wegen grosser Ju-
gend, wegen Geistesschwachheit, oder wegen vorübergehender
abnormer Zustände, nicht in solchem Grade vorhanden ist, dass
der Mensch „vorwärts und rückwärts sehen“, die Folgen und
das Wesen der Handlungen erwägen kann, so sieht ihn auch das
juristische Gesetz nicht für zurechnungsfähig an, und es ist ein
Zeichen der wachsenden psychologischen Einsicht, dass die
neueren Strafgesetze grösseres Gewicht auf den Einfluss solcher
Umstände legen, als die älteren (man vergleiche z. B. das dänische
Strafgesetz von 1866 mit Christian des V. dänischem Gesetz
von 1683). Ein normales und vollständig entwickeltes Bewusstseinsleben ist eine Bedingung der Zurechnungsfähigkeit. Diese
Bedingung ist bei Kindern, deren Erziehung nicht vollendet ist,
nicht erfüllt, ebensowenig bei Geisteskranken, oder richtiger
gesagt, befindet sich bei ihnen nur auf einer niedereren Stufe.
Auch das Kind wird zur Rechenschaft gezogen, und über Dinge
gestraft, die innerhalb seines ethischen Gesichtskreises liegen;
bezüglich der Geisteskranken sagt *Maudsley* treffend, dass man
an einer gewissen Verantwortlichkeit derselben festhalten müsse,
indem man in den Irrenanstalten durch die gewöhnlichen Motive
auf die Geisteskranken einwirkt, obgleich man sie nicht bestraft
als vollkommen verantwortlich, wenn diese Motive keine Einwirkung auf sie haben [1]). Die Zurechnungsfähigkeit ist also
relativ, sie wechselt mit Bedingungen und Verhältnissen. Vollkommen entwickelte Personen (erwachsene und geistig gesunde)

---

1) *Maudsley:* Le crime et la folie: p. 190. Vergl. *Griesinger* Patho-
logie und Therapie der psychischen Krankheiten 2. Auflage p. 479. (In

werden von dem Staat zur Erfüllung der Gesetze gezwungen. Auch dies ist eine Erziehung zu einem bestimmten Ziele und setzt Zurechnungsfähigkeit nur in der Bedeutung voraus, dass bei den Personen sich nichts finde, was die Möglichkeit, dieses Ziel zu erreichen, ausschliesst. Derjenige, der unter sonst normalen Bedingungen durch die That Mangel an Achtung vor dem allgemeinen Gesetz an den Tag legt, mag zur Anerkennung desselben gezwungen werden und seine Macht fühlen.

Unser psychologisch - ethischer Gesichtspunkt bringt uns hier in Uebereinstimmung mit der Weise, in welcher Professor *Goos* in seiner „Einleitung zum dänischen Strafrecht" (pag. 60 —64) das Strafrecht des Staates begründet hat. Vom juristischen Gesichtspunkte aus kann Erziehung, in Bedeutung ethischer Verbesserung, nicht als Zweck der Strafe angesehen werden, denn der Staat hat nicht das Recht, in das innere persönliche Leben des Einzelnen einzugreifen. Auch die ärztliche Behandlung der Geisteskranken geht nicht darauf aus, sie zu verbessern, sondern das alte Ich derselben wiederherzustellen und *Griesinger* findet hierin den Unterschied zwischen Erziehung und Behandlung der Geisteskranken. Was der Staat fordert, ist eine praktische Anerkennung seiner Autorität, und ist eine solche nicht vorhanden gewesen, so muss sie durch Anwendung von Strafen erzwungen werden. Durch die Strafe wird, wie Professor *Goos* sagt, der Charakter des Verbrechers

---

den Irrenanstalten wird die äussere Unruhe des Kranken ebenso wie die Aeusserung seiner krankhaften Triebe durch das Beispiel der Anderen und den Geist des herrschenden Friedens und der Ordnung verhindert; er wird von selbst durch die ruhige Bewegung des Hauses mit fortgezogen; möglichem Widerstand seinerseits wird nicht sowohl durch directen Zwang begegnet, als durch sein eigenes Gefühl der Unterwerfung unter die imponirende Macht des Ganzen. Er findet hier Schonung und Aufmerksamkeit, fühlt aber auch, dass die Widersetzlichkeit zu nichts nützt; er lernt bald, sich den Anordnungen des Arztes zu unterwerfen, und sieht, wie die Art der Behandlung, die ihm zu Theil wird, und das Maass von Freiheit und Genuss, das er erhält, von seiner Fassung und Aufführung bedingt ist. Hierin findet er eine wesentliche Unterstützung seiner Selbstbeherrschung.)

zum Gehorsam gegen das Gesetz gezwungen. „Der Eingriff in die Rechtsgüter der Person, das Leiden, welches die Strafe verursacht, soll dem Individuum neue und kräftige Motive zur Verbesserung seines Charakters, zur Unterwerfung unter das Gesetz beibringen, nachdem es sich gezeigt hat, dass die ihm selbst überlassene Besserung nicht zu dem geführt hat, was die Staatsmacht in dieser Richtung zu fordern berechtigt ist." Professor *Goos* zieht aus diesem Ergebniss den Schluss, dass für die Berechtigung der Strafen keine Zurechnungsfähigkeit vorausgesetzt werde, in der Bedeutung von Fähigkeit zu absoluter Freiheit, „d..h. Freiheit des Willens in dem Sinne, als sei die Anwendung des Causalitätsgesetzes auf die Aeusserungen des menschlichen Willens, oder die Auffassung des Verhältnisses zwischen den Motiven und dem Entschluss als eines Verhältnisses zwischen Ursache und Wirkung, ausgeschlossen." Die nothwendige Voraussetzung ist nur, dass Erziehung durch menschliche Bestrebung nicht unmöglich ist, und das ist sie nicht, so lange man noch im Stande ist, das Selbstgefühl des Menschen, seine Aufmerksamkeit auf sich selbst, seine Fähigkeit zu Energie und Resignation zu wecken. Nur der kann einer Erziehung unterworfen sein, bei dem sie im Ganzen noch möglich ist. Das Verbrechen giebt der Gesellschaft das Recht, den Verbrecher zu erziehen. Das Verhältniss des Letzteren zur Autorität sinkt auf Grund seiner eigenen Handlung auf den Ausgangspunkt zurück; kann er nicht Ehrfurcht fühlen, muss er Furcht fühlen.

Wir haben früher darauf aufmerksam gemacht, dass das einzelne Individuum niemals von der Gesellschaft, in der es entstanden und sich entwickelt hat, getrennt werden kann. Gleichwohl war es eine solche Trennung, die in der Weise, wie man früher die Strafen ansah, vorausgesetzt wurde. Ob man nun durch die Strafe drohen oder schrecken, Auge um Auge, Zahn um Zahn nehmen, oder die erzürnte Gottheit versöhnen wollte, der Verbrecher stand als ein Feind der Gesellschaft da, dem gegenüber man weiter keine Pflichten hatte. Zum grossen Theil entsprang diese Anschauungsweise aus dem leidenschaftlichen Gefühl, das die Kränkung für absolut hält und keine Begrenzung derselben zugiebt; aber auch das Dogma von der absoluten Freiheit des Willens hat hierbei seinen Einfluss geltend gemacht. Sie löst das Geschlecht in Individuen, in absolut unabhängige Ausgangspunkte auf. Sobald man dagegen den tiefen Zusammenhang des Einzelnen, nach dem ganzen Umfang seiner Natur und seines Charakters, mit dem ganzen Geschlecht und der Gesellschaft versteht, muss es unmöglich erscheinen, dass irgend etwas diesen Zusammenhang auflöse. Wie sich das Verbrechen selbst oft auf Missverhältnisse und Fehler des geselligen Lebens zurückführen lässt, so muss es andererseits die Aufgabe der Gesellschaft sein, die Keime zu einem wirklich menschlichen Leben, die sich selbst in dem scheinbar verwüstetsten Gemüth finden, nicht zu zerstören, sondern sie zu befördern und zu entwickeln; sie arbeitet hierbei in ihrer eigenen Sache, für ihre eigene Ausbildung.

Die Freiheit des Willens, in der Bedeutung in welcher wir sie anerkennen, ist der Nothwendigkeit nicht entgegengesetzt. Die Gültigkeit der Naturgesetze umfasst auch das ethische Handeln. Unter Freiheit des Willens verstehen wir den Zustand, in welchem die Vernunft und die Gefühle des Menschen so entwickelt sind, dass ein einzelner Eindruck, Gefühl oder Leidenschaft ihn nicht vollständig beherrschen, oder Besinnung, Ueberlegung und Anlegung des für ihn höchsten Maassstabes hindern. Freiheit ist hier nicht das Gegentheil von Nothwendigkeit, sondern von Blindheit und Zufall. Sie ermöglicht Selbstbeherrschung und Selbstbildung. Ob wir nun die Freiheit als Eigenschaft oder Zustand ansehen, sie ist immer relativ. Nur in wenigen Punkten entfaltet der Einzelne wirklich volle Thätigkeit. Je weiter seine Entwickelung in dieser Richtung fortgeschritten ist, je mehr wird auch sein selbstbewusstes Handeln zur Bildung des Charakters beitragen. Wenn das Gefühl für die Bedeutung dieses Beitrages gesteigert wird, wenn die Aufmerksamkeit kräftig in dieser Richtung geweckt wird, bildet sich im Bewusstsein ein ideales Vorbild, in welchem der Beitrag des bewussten Handelns der Persönlichkeit so gross wird, dass die andern Elemente ihm gegenüber verschwinden: das Ideal von der vollkommenen Freiheit, von dem, was die menschliche Persönlichkeit ohne alle hindernden Verhältnisse und Einflüsse sein würde. Dies Ideal ist nur eine eigenthümliche Form des

allgemeinen ethischen Gesetzes, welches, wie früher schon erklärt
worden ist, in der Vorstellung des vollendeten, im Laufe der
Zeiten entwickelten Menschenlebens besteht. In diesem Bild ist
die Vorstellung des freien, d. h. des aus des Menschen bewusster
Persönlichkeit entsprungenen Handelns, ein nothwendiges Element; sie drückt die Art der Thätigkeit aus, welche dem Platze,
den der Mensch in der Reihe der Geschöpfe einnimmt, entspricht.

Mit diesem ethischen Ideal verwechselt die gewöhnliche
Auffassung den wirklichen Willen, der jederzeit bedingt ist.
Die vollkommene Freiheit stellen wir uns durch Abstraction
und Idealisation vor. Das Nachdenken darüber wirkt, wie bei
jedem Ideal, anspornend und befördernd; aber es beruht auf
einer Illusion, wenn man sie zu einer Fähigkeit, die Jedem,
unter allen Umständen, eigen ist, umändern will. Eine der-
artige Illusion steht nicht allein, sondern hat auf jedem Gebiet
die Auffassung der natürlichen Entwickelung gehindert. Man
weigert sich, das Vollkommene als ein Resultat der Entwickelung anzuerkennen und betrachtet es als von Anfang an bestehend. So denkt man sich die Seele als ein besonderes Wesen,
das dem Körper einverleibt wird, und den vollständig entwickelten Körper als, en miniature, im Embryo vorhanden.
Das, wozu erst die Entwickelung führt, soll, auf die eine oder
andere Art, schon von Anfang an dagewesen sein. So schreibt
man dem Menschen das als ursprüngliche Eigenschaft zu, was
an sich selbst nur das Ziel einer langen Entwickelung ist.

Die meisten Versuche, die absolute Freiheit des Willens
zu behaupten, haben keine solche wissenschaftliche Form, dass
sie zur näheren Untersuchung einladen. Nur eine Form der
absoluten Freiheitslehre wird es sich lohnen, hier zu erwähnen,
nämlich *Kant's*, da er der hervorragendste Forscher ist, auf den
man sich in dieser Sache berufen kann. Es findet jedoch der
eigenthümliche Fall statt, dass *Kant* selbst mit grossem
Nachdruck die Naturnothwendigkeit des menschlichen Willens
und Handelns hervorhebt, in soweit wir das Wesen des Menschen in der Erfahrung betrachten. Als Psycholog ist *Kant*
ein entschiedener Determinist. Er sagt in seiner *Kritik der
reinen Vernunft:* „Alle Handlungen des Menschen in der Erscheinung sind aus seinem empirischen Charakter und den

mitwirkenden anderen Ursachen nach der Ordnung der Natur bestimmt, und wenn wir alle Erscheinungen seiner Willkür bis auf den Grund erforschen könnten, würde es keine einzige menschliche Handlung geben, die wir nicht vorhersagen und aus ihren vorhergehenden Bedingungen als nothwendig erkennen könnten. In Anschung dieses empirischen Charakters giebt es also keine Freiheit und nach diesem können wir doch allein den Menschen betrachten, wenn wir blos beobachten, und wie es in der Anthropologie geschieht, von seinen Handlungen die bewegenden Ursachen physiologisch erforschen wollen." Dies ist dieselbe Auffassung, die wir im Vorhergegangenen durchzuführen gesucht haben. *Kant* war so vom Geiste des Determinismus durchdrungen, dass er in seiner Methodenlehre behauptet, dass selbst die wildesten Hypothesen, wenn sie sich nur auf dem Gebiete der natürlichen Ursachen bewegen, dem Appell an das Uebernatürliche vorzuziehen sind, der nur einer „faulen Vernunft" als Vorwand diene, die Bestrebung die Ursachen auf dem Wege der Erfahrung zu finden aufzugeben. Aber nach *Kant's* Auffassung des Ethischen gehört dieses nicht in den Bereich der Phänomene und der Erfahrung. Das ethische Gesetz, das sich in unserer Vernunft zu erkennen giebt, bedarf, wie wir früher gesehen haben, nach *Kant's* Lehre, durchaus keiner Begründung. Es spricht, unabhängig wie es von jeder Erfahrung ist, zu uns aus einer höheren Welt als der der Phänomene. Soweit der menschliche Wille durch das ethische Gesetz regiert wird, ist er also über die Welt der Erfahrung erhoben. Ausser seinem empirischen Charakter, welcher Gegenstand der Erfahrung und Beobachtung werden kann, hat der Mensch also einen „intelligibeln" Charakter, in Folge dessen seine Handlungen von der Vernunft geleitet werden. „Die Vernunft selbst", sagt *Kant,* „ist keine Erscheinung und gar keinen Bedingungen der Sinnlichkeit unterworfen." Durch sie erhält der Mensch die Fähigkeit, mit absoluter Freiheit d. h. unabhängig von allen durch Erfahrung gegebenen Beweggründen und Antrieben zu handeln.

Man wird leicht sehen, dass *Kant* durchaus nicht einen Beschluss oder ein Wollen ohne nothwendige Ursache annimmt. Er versteht unter Freiheit eine Bestimmung durch ideale Gründe

(Vernunft, Pflicht), im Gegensatz zur Bestimmung aus empirischen Gründen (Gewohnheit, Lust oder Schmerz). Auch in Bezug auf den „intelligiblen" Charakter, besteht ein nothwendiges
Verhältniss zwischen Beweggründen und Handlungen, weshalb
Kant in seiner „Kritik der praktischen Vernunft § 6" sich
folgende Aufgabe stellt: „Vorausgesetzt, dass ein Wille frei
(sic) sei, das Gesetz zu finden, welches ihn allein nothwendig
(sic) zu bestimmen tauglich ist." Er untersucht ferner ausführ-
lich, auf welche Weise das ethische Gesetz die Triebfeder des
Willens werden kann und findet, dass es durch das Gefühl der
Ehrfurcht und Achtung geschieht. Wir haben hier also nur
eine andere, höhere Art von Nothwendigkeit, nicht Freiheit
in der Bedeutung, in welcher wir sie oben bekämpft haben.
Auch wir haben die Freiheit als ein Ideal, das nicht unmittelbar gegeben ist, aufgefasst. Der Unterschied zwischen unserer
und *Kant's* Lehre besteht darin, dass er in der durch die Vernunft
bestimmten Freiheit etwas sieht, das über der Welt der Erfahrung steht, während die Freiheit, von der wir sprechen, als
Ziel des menschlichen Strebens und dessen Entwickelung in
der Welt der Erfahrung dasteht. Wir können uns damit trösten,
dass wir grössere Treue gegen *Kant's* philosophisches Princip
zeigen, als er selbst. Seine Grösse ist, dass er die Subjectivität
unserer Erkenntniss und ihre Begrenzung auf die Erfahrung
erwiesen hat. Nur in dem praktischen Vernunftgesetze glaubte
er eine Ausnahme sehen zu müssen. Aber mit welchem Recht
nennt er denn dieses Gesetz „eine Thatsache"? Eine Thatsache
muss ja doch für die Erfahrung zugänglich sein. Wenn er sagt,
„die Vernunft selbst ist keine Erscheinung", auf welche Weise
lernt er sie denn kennen, da die Erfahrung nach seinem Princip
die alleinige Quelle der Erkenntniss ist? Und wenn er sagt,
dass „die Vernunft gar keinen Bedingungen der Sinnlichkeit
unterworfen ist," wie kann sie denn entstehen und sich entwickeln[1])? Wir wissen von keiner anderen Vernunft, als derjenigen, welche das Resultat der geistigen Entwickelung des

---

1) *Kant* widerspricht sich hier selbst, indem er an anderen Stellen
(Kritik der praktischen Vernunft §. 7 Anm. 2) sagt, dass die endliche
praktische Vernunft „ein natürlich erworbenes Vermögen" sei.

Menschen in der Welt der Erfahrung ist. Sie ist also selbst
ein Phänomen und muss nach dem für alle Erfahrungen geltenden Gesetze aufgefasst werden. Der Grund, warum *Kant* das
ethische Vernunftgesetz und die Freiheit in eine andere Welt,
als die der Erfahrung versetzte, war ihr idealer Charakter
im Verhältniss zu den andern Beweggründen, Vermögen und
Kräften im Menschen. Es ist ein Rest von Dogmatismus bei
Kant, dass er es für nöthig hält, sich das Ideal als existirend
zu denken. In Wirklichkeit will der Satz, dass der Mensch,
ideal angesehen, frei ist, nichts anderes sagen, als dass es seine
Aufgabe und sein Zweck ist, die Freiheit zu erwerben. Was
konnte es nützen, dass das Ideal sich in einer andern Welt be-
fand, wenn man es in der Welt, in der wir leben, der Welt
der Erfahrung, nicht erstreben und verwirklichen konnte?

Wenn man dagegen einwenden will, dass ein solches Ideal
unmöglich behauptet werden kann, indem die Erfahrung stets
unsern Mangel an Freiheit darthut, so muss man bemerken,
dass ein jedes Ideal, zu Folge seines Wesens, über die Wirklichkeit hinauszeigt. Ohne diesen Gegensatz wird es nie zum
Handeln kommen. Der Trieb zum Handeln entsteht aus der
Vorstellung eines nicht vorhandenen Zustandes, dessen Bild die
Erinnerung bewahrt; wenn das geistige Leben eine gewisse
Entwickelung erreicht hat, tritt an die Stelle wirklicher Erinnerung die Vorstellung eines vollkommenen Zustandes, welcher
freilich oft mit wirklicher Erinnerung verwechselt wird; hieraus
entstand die Sage idealer Unschuld und Glücks in einem ver-
schwundenen Paradies. Ein jeder Trieb weist über das Gegebene hinaus, und das Ideal ist der vollendete harmonische
Ausdruck dessen, was bereits theilweise und unklar in der
primitiven Gefühlsäusserung dämmert; also hat es seinen Ursprung in der Wirklichkeit, führt aber über die jederzeit gegebene Wirklichkeit hinaus. Nur indem sie sich auf den Determinismus stützt, wird die Ethik zugleich ihren idealen Gesichtspunkt behaupten, und den engen Zusammenhang dieses mit der
Wirklichkeit bewahren. Deshalb haben auch grosse ethische
Denker den deterministischen Gedankengang durchzuführen gesucht. Insbesondere kann man hier auf die englische Schule hinweisen (*Hume*, *Mill*, *Spencer*), ferner auf *Herbart*, *Schleiermacher*,

Spinoza, die *Stoiker* und *Kant,* wenn wir ihn nach dem Sinn und nicht nach dem Buchstaben auffassen.

Man muss auf den Stifter der humanen Ethik, *Socrates,* und auf die von ihm veranlasste Bewegung, zurückgehen, um eine Erklärung der Schwierigkeiten zu erhalten, in welche die Frage über die Freiheit des Willens verwickelt worden ist. *Socrates* führte das menschliche Handeln auf die Selbsterkenntniss zurück und betrachtete das Wissen als Wesen der Tugend. Leidenschaft war für ihn Unwissenheit oder unrichtiges Wissen. Hieraus entsprang die Definition des Willens, welche seit *Plato* und *Aristoteles* die herrschende gewesen ist, indem sie durch die christliche Theologie auch die populäre Auffassung durchdrang: Der Wille ist der von der Vernunft geleitete Trieb. Bei den Griechen wurde allerdings, in Folge ihrer im Ganzen naturalistischen und ästhetischen Weltanschauung, die ursprüngliche Begabung, das Temperament und der Naturtrieb als wesentlich in das menschliche Handeln eingreifend und es bedingend behauptet. *Plato* leitet alles Böse aus einer kranken Körperbeschaffenheit und schlechter Erziehung ab und hat einen für seine Zeit überraschend scharfen Blick in das Wesen der Geisteskrankheit und deren Einfluss auf den Willen. *Aristoteles* hält an einer glücklichen natürlichen Begabung als nothwendiger Voraussetzung ethischer Entwickelung fest. Aber die christliche Anschauung des Menschen nahm in ihrer Strenge keine Rücksicht auf solche Bedingungen. Sie betrachtete die Verantwortlichkeit als das innerste Wesen des Menschen. Selbst die dunkeln Triebe und Bewegungen, welche den Menschen vor der klaren und starken Entwickelung des Bewusstseinslebens beherrschen, werden als aus dem verantwortlichen Willen entstanden angesehen. „Alle Gefühlsbewegungen", sagt *Augustinus,* „sind nichts Anderes als Willensäusserungen. Denn was ist Antrieb und Genuss anderes als ein Wille, indem wir uns das, was wir wollen, gefallen lassen? Was ist Furcht und Sorge anderes, als ein Wille, in dem wir verabscheuen, was wir nicht wollen [1]?" „Unter dem Sinnlichen und Fleischlichen," sagt *S. Kierkegaard* [2]),

---

1) De civitate dei XIV, 6.
2) Kærlighedens Gerninger (Die Thaten der Liebe) [3. Auflage] I, 60.

„versteht das Christenthum das Selbstische; es lässt sich auch
kein Streit denken zwischen Geist und Fleisch, wenn sich nicht
ein aufrührerischer Geist auf die fleischliche Seite schlägt, mit
dem dann der Geist kämpft; ebensowenig lässt sich ein Streit
denken zwischen dem Geist und einem Stein, oder zwischen
dem Geist und einem Baum. Die Eigenliebe ist also das Sinn-
liche." Vor der consequenten christlichen Betrachtung verbirgt
sich also unter jeder geistigen Regung des Menschen ein Wille,
ebenso wie unter jeder Naturbegebenheit eine göttliche Willens-
äusserung. Hier stehen also zwei absolute Freiheiten einander
gegenüber, wovon die eine allmächtig, Alles erschaffend ist, und
darum die andere in ein Nichts verwandeln zu müssen scheint.
Diese Schwierigkeit, die der Apostel *Paulus* zurückweist, indem er
dem Menschen seine absolute Ohnmacht vorhält (womit er gerade
die Schwierigkeit einräumt), sucht *Augustinus* auf seine scharfsinnige Weise dadurch zu lösen, dass er den Willen ausserhalb
der Natur stellt: „Gott ist der Urheber aller Natur und aller
Kräfte, aber nicht alles Wollens. Das Böse hat keine Natur,
der böse Wille entsteht durchaus nicht aus einer Ursache, denn
erst durch das Wollen entsteht das Böse." Ist der Wille nicht
Natur, so liegt er ausserhalb jeder Körperlichkeit. Den Haupt-
einwand gegen *Plato's* Lehre des Einflusses der Körperbeschaffenheit auf den Willen findet *Augustinus* darin, dass der
Ursprung der Sünde körperlos ist. Die letzte Quelle des Bösen
ist ein naturloser Wille, der das Böse mit vollem Bewusstsein
und Ueberlegung wählt[1]).

Zu solchen Consequenzen wird man gebracht, wenn man
an einer Auffassung des Willens festhält, wobei ein idealer
Zustand unmittelbar beim Menschen als wirkendes Vermögen
auf jeder Stufe seiner Entwickelung und in jeder Situation, in
welcher er sich befindet, vorausgesetzt wird. Wir enden hier
bei einem psychologischen Widerspruch, denn das volle Erkennen und Bewusstsein des Wesens des Bösen, welches die Annahme des Teufels voraussetzt, wird geradezu das Wollen des
Bösen unmöglich machen. Es ist unmöglich, dass der Mensch
in einem und demselben geistigen Zustand eben sowohl das

---

1) De civitate dei V, 9; XI, 9; XII, 6; XIV, 3.

eine wie das andere zweier entgegengesetzter Dinge wählen
könne. Der Hochmuth, welcher der Anfang der Sünde sein soll
und welcher darin besteht, dass das Individuum vorzieht, sein
eigenes Princip zu sein, statt in einer höheren Macht sein Princip
zu haben, hat eben so, wie jede andere Charaktereigenschaft,
seinen natürlichen Ursprung, und die Handlungen, zu denen er
führt, entspringen aus allgemeinen psychologischen Gesetzen.
Die theologische Auffassung bleibt bei der Thatsache stehen,
dass das Ich sich selbst zum Höchsten machen und sich dem
Einfluss der höheren Macht entziehen will. Die psychologische
Auffassung geht weiter zurück und untersucht, weshalb und wie
das Ich dazu kommt, dies zu wollen. Der Werth der dichterischen
Darstellung eines Charakters beruht darauf, dass sie uns eine vollständige Erklärung aller Beschlüsse und Handlungen giebt. Sogar
ein Charakter wie Shakespeare's Richard III., in dem der Dichter
vielleicht die Grenze der psychologischen Wahrheit und der
Wahrscheinlichkeit überschritten hat, findet seine versöhnende
Erklärung in der allerersten Replik. Die Verachtung der Weich-
lichkeit und Schlechtigkeit um ihn, im Verein mit dem Gefühl
seiner eigenen körperlichen wie geistigen Hässlichkeit, welche
ihn verhindert, an den herrschenden leichtsinnigen Freuden des
Lebens theilzunehmen, zugleich mit dem Gefühl der ihm inne-
wohnenden Energie, mit der er alle Schranken übersteigen
könnte, und die ihn über diejenigen erhebt, welche ihn als einen
Auswurf betrachten: alles dies bringt bei ihm den trotzigen
Beschluss hervor, die Rolle eines Teufels zu spielen:

Und darum, weil ich nicht als ein Verliebter
Kann kürzen diese fein beredten Tage,
Bin ich gewillt, ein Bösewicht zu werden
Und Feind der eitlen Freuden dieser Tage.

Der Dichter hat zugleich klar erkannt, dass man in der Er-
forschung psychologischer Ursachen nicht beim einzelnen Individuum stehen bleiben kann, sondern sie im ganzen Zeitalter
und in vergangenen Generationen suchen muss. Richard steht
als Product des Kampfes zwischen der rothen und weissen Rose
und aller der Grausamkeit und Falschheit, die derselbe hervor-
brachte, da. Es giebt eine Naturgeschichte der Leidenschaften,
und die ethische Betrachtung kann die Zwischenglieder nicht

überspringen, wodurch Charakter und Handlung erst verständlich wird, — Zwischenglieder, welche deshalb eigentlich Theile des Charakters selbst und des Wesens der Handlung sind. Ein französischer Schriftsteller hat gesagt: „tout comprendre, c'est tout pardonner", und dies mit Recht, insoweit die Handlung, wenn man ihre Ursachen betrachtet, nicht länger als ein ganz Willkürliches erscheint. Obgleich nun aber die ethische Anschauung nicht gegen die psychologische streiten darf, so fällt sie doch nicht mit ihr zusammen. In der Psychologie blicken wir rückwärts, suchen nach den vorhergegangenen Ursachen und leiten aus den früheren seelischen Zuständen die späteren ab. In der Ethik sehen wir vorwärts, bemessen Stimmungen, Beschlüsse und Handlungen nach einem gewissen Vorbild und untersuchen nur ihre harmonischen oder unharmonischen Beziehungen zu demselben. Zeigt es sich, dass sie mit der Norm nicht übereinstimmen, so ist es die Aufgabe, die Ursachen dieses Missverhältnisses zu finden und, wenn diese gefunden sind, zu untersuchen, auf welche Weise es möglich ist, dieses Hinderniss wegzuräumen.

Hobbes hat treffend gesagt, dass, wenn die aristotelisch-scholastische Definition des Willens als vernünftigen Triebes (appetitus rationalis), richtig sei, es keine freiwillige Handlung geben wird, die der Vernunft widerstritte. Diese Definition übersieht, dass sowohl der Trieb als die Vernunft einer langen Entwickelungszeit bedürfen, bevor sie sich zu einem vernünftigen Willen vereinigen. Man kann ihn deshalb nicht als eine Fähigkeit betrachten, die Jeder von vorn herein besitzt und nach Gutdünken anwenden kann. In gewisser Bedeutung handelt der Mensch niemals gegen die Vernunft, d. h. gegen die Vernunft, die ihn im Augenblick des Handelns beherrscht; dagegen kann er gegen die Vernunft handeln, die er besitzt und die zu erwerben er sich bestreben s o l l t e. Daraus, dass man nicht kann, folgt nicht, dass man nicht soll. Das Böse besteht darin, dass der Mensch n o c h n i c h t gut ist, nicht darin, dass er aufgehört hat, es zu sein. Die Höhe des Charakters und der Vernunftentwickelung, welche der Mensch erreicht hat, kann verdunkelt und verringert werden, wenn die richtigen Motive und Impulse nicht aufrecht erhalten werden, und wenn die Aufmerksamkeit erschlafft. Dies rührt aber davon her, dass er noch keine Kraft, Zusammenhang, Consequenz in seinem Charakter erreicht hat, um das Erworbene zu behaupten. Wir kennen, wie bereits bemerkt wurde, unsern Charakter nur aus der Erfahrung, und diese ist nie abgeschlossen. Hierin liegt andererseits auch, dass wir nie gewiss wissen können, ob wir alle unsere Kräfte angewendet haben. Während wir in vielen Beziehungen geneigt sind, uns zu viel zuzumuthen, so trauen wir uns hier vielleicht weniger zu, als wir vermögen. Nur auf dem Wege des Versuchs können wir hier, wie auf vielen andern Gebieten, Sicherheit erlangen. Wollte man sich von solchen Versuchen durch den Gedanken abschrecken lassen, dass sie zu nichts helfen, weil die nothwendige Ordnung der Dinge trotzdem jederzeit ihren Gang geht, so wäre dies ein Trugschluss, dem sogar die Logik einen besonderen Namen gegeben hat, („die faule Vernunft", ignava ratio), und der sein Seitenstück darin haben würde, dass man aus der Gesetzmässigkeit der äusseren Natur schliessen wollte, dass all unser Eingreifen und Einwirken auf die Dinge fruchtlos wäre. Gerade weil unser Wollen und Handeln ein Theil des natürlichen Ganges der Dinge ist, können wir es modificiren, indem wir die Bedingungen, unter denen sie geschehen, ändern. —

Die Natur des Menschen ist in sich selbst weder gut noch schlecht. Die Begriffe von gut und schlecht setzen die Anwendung eines Gesichtspunktes, eines gewissen Maasstabes voraus. Gehen wir davon aus, dass die menschliche Natur sich bis zu einem hohen Grade von Freiheit, Wahrheit und Liebe erheben kann, so können wir sie mit Recht gut nennen. Erwägen wir dagegen den Widerstand, der zu überwinden, den Kampf, der durchzufechten ist, um dies Ziel zu erreichen, so müssen wir sie böse nennen. Die christliche Lehre von der Erbsünde und die *Kant*'s über das radicale Böse sind von diesem Standpunkt aus berechtigt; nur ein oberflächlicher Optimismus ist im Stande, daran zu zweifeln. Der Widerstand sowohl wie die vorwärts arbeitenden Kräfte entspringen aus der Natur des Menschen. *J. G. Fichte* sucht nachzuweisen, dass das radicale Böse in Trägheit besteht. Wie in der äusseren Natur ein Gesetz der Trägheit besteht, nach dem jedes Ding in seinem gegen-

wärtigen Zustand verharrt, bis es durch äusseren Anstoss
darüber hinausgetrieben wird, ebenso wird das menschliche
Individuum ohne starken Impuls von Aussen sich nicht zur
Freiheit und Wahrheit entwickeln. Deshalb ist das gesellschaftliche Leben, das innige Verhältniss zur Gattung, die ganze
geschichtliche Seite des menschlichen Lebens so bestimmend
für das ethische Leben. Unsere früheren Untersuchungen haben
uns die Nothwendigkeit der Erziehung von verschiedenen Seiten
kennen gelehrt. Ohne den Einfluss der Autoritäten kann die
Entwickelung des Menschengeschlechts nicht vor sich gehen.
Die Geschichte der Menschheit ist hauptsächlich die Geschichte
der Autoritäten. Während dieses grossen Erziehungsprocesses
leistet das Gegebene, bisher Erreichte, sobald es ins Gleich-
gewicht gekommen und feste Formen angenommen hat, Widerstand gegen die höheren Mächte, die sich hervorarbeiten sollen,
ebenso wie jeder Körper dem anderen, der seinen Platz ein-
nehmen will, widersteht. Auf dem geistigen, besonders dem
ethischen Gebiet soll obendrein die höhere Macht durch die
Freiheit des Menschen Eingang finden, und wir haben gesehen,
dass diese in energischer Aufmerksamkeit und Anspannung besteht, wozu der Mensch erst erweckt werden muss; die Kräfte,
die er gebraucht, kann er sich nicht selbst geben, obgleich er
sie in seiner Natur finden soll. Aus der Trägheit entwickelt
sich, wie *Fichte* zeigt, nicht blos Feigheit und Falschheit, sondern auch Trotz, der intensivste Ausdruck für die Trägheit, die
nicht aus sich herausgehen will, um am Leben des grossen
Ganzen theilzunehmen. Der Trotz setzt die weniger energischen
Formen der Trägheit voraus, und nur indem man hier das Ende
zum Anfang macht, kann man ihn für die Quelle der Sünde
halten. Um den Widerstand zu besiegen, muss man die Ursachen aufsuchen, die ursprünglich die Entwickelung auf diesen
Weg brachte, man muss hier wie bei jeder Erziehung Beweggründe und Mittel finden, wodurch die Isolirung des Ich ge-
hoben wird, indem man dessen Interesse mit einem wesentlichen
allgemeingültigen Zweck verknüpft.

Die humane Ethik, für welche das goldene Zeitalter oder
das Paradies, kein verlorenes Gut ist, sondern ein Ziel, das,
soweit es unter menschlichen Bedingungen möglich ist, durch

die Arbeit des Geschlechts erreicht werden soll, kann die Sünde oder das Böse nicht als etwas Absolutes ansehen. Sie kennt ein „noch nicht", aber kein „nicht mehr". Sie weiss, dass das Ziel, seiner Natur gemäss, über das Gegebene hinausliegt, und dass jederzeit ein Unterschied zwischen Wirklichkeit und Ideal besteht. Diesen Unterschied nimmt sie als gegeben an und versucht nicht, ihn mit Hülfe der Phantasie auszugleichen. Ohne einen solchen Unterschied wäre es nicht der Mühe werth, zu leben. (Aus ähnlichem Grunde bat *Baggesen* darum, immer sieben unerfüllte Wünsche übrig behalten zu dürfen.) Soll der Unterschied auf eine andere Weise, als durch stets erneuertes Streben ausgeglichen werden, so ist dies Sache der Poesie, nicht des Denkens. Dieser Unterschied ist nicht zu verwechseln mit unversöhnlichem Widerstand, im Gegentheil, die Unvollkommenheiten bahnen selbst den Weg zum Vollkommenen. Je einleuchtender es wird, dass der Mensch wirklich einen Beitrag zur Bildung seines eigenen und dadurch auch zum Charakter des ganzen Geschlechts liefern kann, je mehr die Interessen sich um diesen Punkt concentriren, um so mehr Umwege und Leiden können erspart werden. Ein hervorragender englischer Irrenarzt, *Henry Maudsley*, hat neuerdings die Wichtigkeit der Aufmerksamkeit und des Interesses für die Entwickelung des Charakters als Mittel gegen den Wahnsinn hervorgehoben. Er sieht in der Schwächung des Charakters, in der allgemeinen Geneigtheit, sich vom Strome treiben zu lassen, statt selbstthätig einzugreifen, zum grossen Theil die Ursache zur Ausbreitung der Geisteskrankheiten. Aber er hebt hervor, dass ein Resultat hier nur langsam erreicht und vielleicht erst dann sichtbar wird, wenn die Arbeit daran eine Reihe von Generationen hindurch fortgesetzt wird [1]. Der Wahnsinn steht in genauer Verbindung mit den anderen Uebeln, worunter die Menschheit leidet; er ist in sich selbst nur eine der Formen, unter welchen die Schranken der höheren Bildung sich zeigen. Die rationelle Lehre von der Freiheit des Willens, die wir hier zu entwickeln gesucht haben, zeigt uns die Möglichkeit, diese Schranken zu erweitern, selbst wenn

---

[1] Siehe das schöne Schlusscapitel seines Buches: Le crime et la folie (chap. IX: Des moyens de se préserver de la folie).

dies in einzelnen Fällen nur um eine Hand breit wäre. Wir
müssen in der Ethik wie auf anderen Gebieten oft mit unend-
lich kleinen Grössen rechnen. Sie beweist gleichzeitig, dass
dies nur bei durchdringender psychologischer Kenntniss des
Charakters und dessen Grundlage möglich ist, ebenso wie wir
die äussere Natur nur beherrschen können, wenn wir uns ihren
Gesetzen unterwerfen. Dagegen wird die Annahme absoluter
Freiheit leicht zu dem phantastischen Versuch führen, sich selbst
umzuschaffen, — zu Verzweiflung, weil man dies nicht kann, —
oder zu Zweifel an jedem gesetzmässigen Zusammenhang auf
dem geistigen Gebiet im Ganzen.

Inhalt.